MAISON DE CHABOT.

PARIS. — IMPRIMERIE DE DEZAUCHE,
FAUB. MONTMARTRE, N° 11.

NOTICE

HISTORIQUE ET GÉNÉALOGIQUE

Sur la Maison

DE CHABOT,

ET AUTRES PIÈCES

CONCERNANT CETTE MAISON.

1834.

NOTICE HISTORIQUE

Et Généalogique

SUR

LA MAISON DE CHABOT,

ET AUTRES PIÈCES CONCERNANT CETTE MAISON,

Extraites d'après les registres des chartres des parlemens, de la chambre des comptes, du Châtelet de Paris, des cartulaires d'abbayes et autres, des manuscrits de la Bibliothèque du roi et recueils de lettres patentes, des contrats de mariage, testamens, etc., et d'après frère Augustin Dupaz, J. Béli, Catel, André Thevet, André Duchesne, du Bellai, de Sainte-Marthe, le père Anselme, l'abbé le Laboureur, Michel de Castelnau, Moréri, Brantôme, d'Auvigny, Sainte-Foy, Lachesnaye des Bois, Desormeaux, Lacolombière et autres auteurs, ainsi que d'après les titres originaux des châteaux de Jarnac (en Angoumois), de Blain en Bretagne, de la Roche-Guyon, etc., et autres archives particulières.

Presque toutes les illustres et anciennes maisons du monde, non contentes de leur gloire réelle, cherchent à percer la nuit qui environne le berceau de leur antique origine, et s'attachent à des traditions fabuleuses ou romanesques, quelquefois confirmées par les vieilles chroniques du pays. L'histoire ancienne est remplie de ces fables, et si l'on jette un coup d'œil sur les généalogies des grandes maisons, on les trouve souvent remplies de ces chimères. Telle est celle, par exemple, qui fait descendre l'illustre maison de Lézignem ou de Lusignan (comme on l'écrit aujourd'hui) de la fée Méluzine, personnage fantastique, moitié femme et moitié poisson ou serpent.

Telle est encore la tradition qui fait descendre la maison de Levis de l'ancienne tribu de Levi, dont était issue la Sainte-Vierge (1).

Telle est celle qui fait sortir la maison de Cossé-Brissac de Coccéius Nerva, empereur romain,

(1) Il existait encore à la fin du siècle dernier, et il existe peut-être encore aujourd'hui, dans l'ancien château de Mirepoix, en Languedoc, un tableau dans lequel était représenté un seigneur de Levis, à genoux devant la Sainte-Vierge descendant vers lui sur un nuage, et il sortait de la bouche de la Vierge une légende sur laquelle était écrit : *Relevez-vous, mon cousin.*

né l'an 37 de Jésus-Christ, c'est-à-dire cinq ans après la mort de Jésus-Christ (1).

D'autres maisons adoptent des vraisemblances, ou même de simples conjectures, comme des preuves assurées, sans que ces prétentions ajoutent à leur grandeur réelle.

Il faut pourtant convenir qu'en général ces suppositions romanesques ne s'attachent qu'à des maisons assez anciennes et assez illustres pour excuser au moins le merveilleux que l'ignorance attribue à leur origine. Ce qui est démontré, c'est qu'au-dessus de l'an 1000, tout est conjecture dans les généalogies, et qu'à moins d'avoir eu des ancêtres dont l'existence à cette époque ait été attachée de la manière la plus ostensible aux fastes d'un grand empire, on ne peut produire que très-peu de titres réels antérieurs à ces temps, où les noms n'étaient pas encore héréditaires (2), et même dans ce cas, ceux que l'on possède ne sont guère que détachés et sans suite. Il n'y a que quelques branches de maisons, alors souveraines et régnantes, qui puissent faire remonter leur filiation au-delà de ce temps d'une manière prouvée et suivie.

Pour éviter l'inconvénient dont on fait ici la

(1) Rouillard la faisait descendre de Coccéius Nerva (*Art. Cossé, dict. de Moreri*).

(2) Il faut excepter Venise de cette règle générale; sa position géographique, qui l'a préservée des invasions, des ravages de la barbarie, a permis d'y conserver des titres et filiations de familles, qui remontent jusqu'en 700 sans une seule lacune.

critique, mais cependant pour ne négliger aucun des avantages qui peuvent concourir à faire paraître une maison avec tout l'éclat qu'elle doit posséder, il faut donc se contenter de rapporter tous les faits qui la concernent et que les traditions ont fait passer jusqu'à nous, les donner tels qu'ils sont, et lorsque l'on n'a pas de preuves matérielles à fournir, laisser chacun en tirer la conséquence que la justesse de son esprit lui suggère; c'est ce plan qu'on a suivi dans ce précis historique de la MAISON DE CHABOT.

Les désordres qu'ont entraînés les différentes guerres des grands vassaux de la couronne et des Anglais contre les rois de France, dans les provinces de Poitou, Saintonge et Guyenne, ayant détruit beaucoup d'anciennes chartes, titres de fondation et de famille, on n'a pu trouver encore que des titres séparés de la maison de Chabot avant l'an 1040; mais ces titres doivent cependant servir de preuves de sa grandeur antérieurement à cette époque, puisqu'ils font présumer d'une manière presque certaine que Guillaume (intitulé fils de Pierre), qui commence le premier degré suivi de cette généalogie en paraissant avec le plus grand éclat en 1040, était fils de Pierre, seigneur des fiefs Chabot, près Niort, connu par des chartes des années 1008, 1018, 1020, 1030 (1), et marié à

---

(1) Titres de famille conservés dans les archives des châteaux de Blain, de Jarnac, etc., anciennes généalogies de la maison de Pierre-Buffière, branche de celle des vicomtes de Limoges.

Béatrix de Pierre-Buffière; lequel Pierre paraît être un des fils de Guillaume (IVᵉ du nom), dit *Fier-à-Bras*, duc d'Aquitaine, comte de Poitou, d'Auvergne, de Saintes, de Limoges, de Villay, etc., mort le 3 février 993, et d'Emme de Blois, fille de Thibaut (Iᵉʳ du nom), dit le *Tricheur*, comte de Blois et de Chartres, morte en 1002.

Cette présomption, glorieuse pour la maison de Chabot, est fondée (entre autres raisons) sur la possession des fiefs Chabot, près Niort (1), faisant partie des domaines du duc et donnés par lui comme partie d'apanage à PIERRE, un de ses fils, qui leur transmit, dit-on, le nom de CHABOT (qu'il portait apparemment parce qu'il avait une grosse tête)(2), lesquels fiefs, indépendamment du nom qui les désigne, se trouvent être possédés très-peu d'années après (3) par Guillaume (intitulé fils de Pierre), que tous les historiens généalogiques reconnaissent former le premier degré suivi sans interruption de la généalogie de la maison de Chabot, et que l'on voit, dès l'an 1040, signant une charte (4) conjointement avec

---

(1) *Fiefs*. Terre, seigneurie ou droit qu'on tient d'un seigneur dominant, à la charge de foi et hommage ou de quelques redevances. Les fiefs les plus glorieux à posséder sont ceux qui ne relèvent que du souverain et non d'un autre seigneur.

(2) Voir plus bas la note sur l'origine du nom de Chabot.

(3) Des titres de 1018, 1020, 1030, prouvent cette possession de Pierre, et un autre titre de 1040 indique Guillaume comme seigneur de ces fiefs.

(4) *Chartre* ou *charte*, titre expédié sous le scel d'un prince, d'un seigneur, d'une église, d'un chapitre, d'une communauté. Vieux titres ou reu-

Henry Ier, roi de France, Guillaume VI, duc de Guyenne, Geoffroy Martel, comte d'Anjou, etc. De plus, les sires de Parthenay de Vouvent, le vicomte d'Aulnay, etc., qui signèrent cette charte conjointement avec Guillaume, passaient pour être tous issus de branches puînées des maisons souveraines de Guyenne, de Poitou, et d'Anjou, et l'on sait que dans ces temps reculés les princes souverains n'appelaient guère que leurs pareils ou leurs parens à l'honneur de signer des chartes avec eux.

On doit ajouter, au grand éloge du bon esprit des seigneurs de la maison de Chabot, qu'ils ne se sont jamais prévalus de ces illustres présomptions, et que, contens de leur gloire réelle que personne ne peut leur contester, ils attendaient du temps, d'un hasard heureux et des recherches long-temps négligées qui étaient faites à ce sujet, l'assurance positive d'une si glorieuse filiation.

Au reste, cette maison possède éminemment tout ce qui caractérise la dénomination de grande et illustre; on ne la voit sortir de la nuit des temps, au commencement du onzième siècle, que pour être assimilée aux souverains de son pays, en confirmant des chartes d'un comte d'Anjou avec un roi de France, et conjointement avec un duc de Guyenne, comte de Poitou, etc. Sa filiation est suivie et prouvée de la manière la plus authentique, depuis l'an 1040 jusqu'à nos

seignemens conservés pour la défense des droits d'un état, d'une seigneurie, d'une communauté, etc.

jours ; elle a contracté les alliances immédiates les plus éclatantes et les plus illustres avec un grand nombre de maisons souveraines, royales, etc., sans avoir jamais été perpétuée par une seule mésalliance ; elle a possédé les plus éminentes dignités de l'état, les plus grandes charges du royaume, et les terres les plus belles, les plus honorifiques et les plus étendues. On la voit même marcher quelquefois de pair avec les princes du sang, comme le prouve le passage suivant des lettres patentes d'érection du duché de Rohan en pairie, en faveur de Henri Chabot, l'an 1648 (1).

« Puisque les barons de Jarnac, dont il est
« sorti (Henri Chabot, duc de Rohan), sont les
« aînés de l'illustre race de Chabot, l'une des plus
« anciennes et des plus puissantes du Poitou et
« de toute la Guyenne, maison dont l'ancienneté
« est justifiée par une notoriété publique de plus
« de six cents ans, c'est-à-dire qu'elle est connue
« en France depuis Guillaume Chabot, chevalier
« qui florissait sous le règne d'Henri Ier, dès l'an
« 1040, duquel de père en fils est sortie une
« grande lignée, féconde en toute sorte de gran-
« deurs, des prélats, des chevaliers de nos or-
« dres, des chevaliers de Saint-Jean-de-Jérusalem,
« grands-prieurs de France, des grands officiers
« de notre couronne, des gouverneurs de pro-

(1) Lettres patentes de Louis XIV, pour ériger le duché de Rohan en pairie en faveur de Henri Chabot, en 1648.

« vinces et des plus importantes places de notre
« royaume, des princesses, et surtout de braves
« et de grands capitaines, sans même parler de
« l'amiral Chabot, l'un des premiers hommes de
« cette maison, qui n'était que cadet de nos
« cousins les barons de Jarnac, dont est issu
« notre dit cousin Henri Chabot, et qui porta
« sa vertu et sa fortune si haut, *qu'il alla de*
« *pair avec les princes*, le roi François Ier ayant
« marié une sienne nièce avec lui, et ayant donné
« la cadette à notre cousin de Montpensier, etc. »

Le savant marquis de Paulmy (Antoine-Réné de Voyer de Paulmy), dans ses *Mélanges tirés d'une grande bibliothèque* (1), après avoir parlé des familles que l'on croit sorties de l'illustre maison de Lusignan, ajoute : « La maison de Chabot n'a
« que des alliances avec celle de Lusignan, mais
« elles sont si anciennes et si bien prouvées, que
« ces deux maisons doivent aller pour ainsi dire
« de pair. Depuis le dixième siècle on voit le nom
« de Chabot souscrit dans toutes les chartes du
« Poitou, et leur filiation, depuis cette époque,
« est parfaitement établie. »

(1) *Mélanges tirés d'une grande bibliothèque, de la lecture des livres français, livres de géographie et d'histoire, imprimés en français au* 16e *siècle*, tome 4, page 227, édit. 1783.

Sur l'origine probable du nom de Chabot.

Le nom de Chabot paraît être un de ces surnoms distinctifs que l'on joignait au nom de baptême dans les temps où l'on n'avait pas encore de noms de famille héréditaires, et qui étaient l'emblême d'une qualité ou d'un défaut du corps, du caractère, ou bien une habitude marquante de costume, de genre de vie, etc., tels que :

Capet, ou grosse tête (surnom du premier roi de la troisième race),

Pelet, ou chauve,

Gris-gonelle, ou capote grise,

Le Bel, ou le beau,

Le Blanc, le Noir, le Téméraire, le Prud'homme, le Grand, le Gros, le Justicier, etc.

Les poissons de la Charente appelés chabots, qui servent d'armoiries à cette maison, et dont les têtes sont fort grosses par rapport au corps, donnent la même analogie à ce nom qu'au surnom de Capet ou grosse tête.

Le généalogiste André Duchesne, que l'on appelait de son temps le prince de l'histoire, dit à ce sujet (1) :

« Quant à la maison de Chabot, elle est de no-
« blesse très-ancienne et illustre, soit que le pre-

---

(1) André Duchesne dans sa généalogie de la maison de Chabot, comprise dans celle de Châtillon-sur-Marne.

« mier qui en fit la tige en France descendît des
« chevaliers romains du même nom, soit que par
« semblable rencontre, il ait été ainsi appelé à
« cause de la grosseur de son chef, ou pour avoir
« été testu, opiniastre et *capitoux*, qui est un
« terme du pays de Poitou, où les Chabot se sont
« premièrement acquis du renom; tout ainsi que
« pour pareille cause Hugues, duc de Bourgogne,
« fils de Richard-le-Justicier, et le roi Huges Ca-
« pet de France, furent surnommés *Capets*, en
« latin *Capitones*. Toutefois, les armes de Cha-
« bot, composées de trois poissons que les Italiens,
« après les Grecs, appellent *céphalo*, et les Fran-
« çais, à l'exemple des Latins, *cabots*, *chabots* et
« *testards*, disposés deux et un, nageant amont
« l'écu (1), semblent incliner davantage à la se-
« conde opinion, encore qu'il n'y ait pas grande
« assurance en cet argument d'allusions, lesquelles
« non-seulement en ce royaume, mais aussi entre
« tous peuples et nations des siècles passés et mo-
« dernes, ont été toujours plus fondées sur la ren-
« contre et conformité des noms, que non pas sur
« aucune autre raison. »

(1) *Nageant amont l'écu*, c'est-à-dire nageant vers la partie supérieure de l'écusson.

Principales dignités, charges, places, etc.,

Possédées par la Maison de Chabot.

Cette maison a possédé les plus grandes charges et dignités du royaume, comme celles de duc et pair de France, — de grand écuyer de France, — d'amiral de France, de Bretagne et de Guyenne, charge correspondante à celle qui est appelée de nos jours *grand-amiral de France*, — de premier gentilhomme de la chambre du roi, — de gouverneurs-commandans et lieutenans-généraux des principales provinces et places du royaume, — d'ambassadeurs extraordinaires, — de généraux en chef des armées de France, — de ministres d'état, de présidens nés et héréditaires de la noblesse, et de premiers barons des états et du duché de Bretagne, dont l'une des grandes baronnies (1) était possédée par elle dès l'an 1200, — de chambellans et de gentilshommes ordinaires (2), de conseillers au conseil d'état et privé

---

(1) La Sererie, appelée le pays de Retz, une des neuf grandes baronies de Bretagne, dont une partie a été érigée depuis en duché-pairie en faveur d'Albert de Gondy, créé duc de Retz en novembre 1581. — D'Argentré dit de ces bannerets qu'il fallait qu'ils fussent d'un grand état et bien riches, pour nourrir et entretenir à leurs gages et à leurs dépens nombre de gentilshommes à cheval pour le service du prince.

(2) Ces charges de gentilshommes ordinaires n'étaient pas dans ces temps ce qu'elles sont devenues depuis ; elles étaient possédées alors par les plus grands seigneurs et les plus favorisés. Indépendamment de tant d'autres

de nos rois, de commandans du ban et de l'arrière-ban (1) de la noblesse et de la province de Poitou, — de sénéchaux héréditaires de Bourgogne, — de maires perpétuels de Bordeaux pendant plusieurs générations consécutives.

Cette maison a donné beaucoup de chevaliers des ordres du Camail (ou du Porc-Épic) (2), — de Saint-Michel dans sa splendeur (3), — du Saint-

exemples que l'on pourrait citer, on trouve entre autres, Louis de Bourbon, prince de Condé (Ier du nom), frère d'Antoine de Bourbon-Vendôme, roi de Navarre, qui se qualifiait dans ses titres, de gentilhomme de la chambre du roi Henri II, à 1,200 liv. de gages dans l'état de la maison de ce prince.

(1) Le ban est la convocation qui se fait à cri public par ordre du souverain, en vertu de quoi tous les nobles d'une province qui tiennent des fiefs du roi, sont mandés pour aller servir dans ses armées.

L'arrière-ban est la convocation des vassaux, des seigneurs, gentilshommes et autres à qui il est ordonné d'aller servir le roi dans ses armées, conjointement avec leurs seigneurs, et sous leur bannière, quand ils étaient bannerets.

Tous les gens tenant fiefs étaient donc obligés au service militaire : quels étaient alors les autres sujets du roi et de l'état? des serfs et des personnes libres sans fiefs. Les serfs marchaient aux ordres de leurs seigneurs, les personnes libres marchaient aux ordres du roi, ou se rédimaient du service militaire pour une certaine somme, en denrées ou en argent. Cette façon de se rédimer s'établit insensiblement en usage, et le souverain dut la préférer, parce qu'elle lui laissait le choix parmi ceux de ses sujets qui étaient les plus propres au service.

(2) L'ordre du Camail ou du Porc-Épic, fondé par Louis, duc d'Orléans et de Valois, fils de Charles V, roi de France, et frère de Charles VI.

(3) L'ordre de Saint-Michel, institué par Louis XI en 1469, se soutint avec un grand éclat sous les règnes de Charles VIII, de Louis XII, de François Ier et de Henri II. Il était fixé pour lors à trente-six chevaliers; mais le grand nombre de gens sans mérite ou sans naissance qu'on en décora sous les règnes de François II et de Charles IX le fit tomber dans l'avilissement.

Henri III, sans l'abolir, et même sur cet ordre, résolut d'en établir un,

Esprit, — de la Jarretière d'Angleterre, — des chevaliers et grands-prieurs de France, de l'ordre de Saint-Jean-de-Jérusalem, nommé successivement l'ordre de Rhodes et l'ordre de Malte, etc. Un seigneur de cette maison fut créé pair d'Angleterre par le roi Henri VIII, sous la dénomination de comte de Newblanck (*Earl of Newblanck*).

ALLIANCES DE LA MAISON DE CHABOT.

La maison de Chabot est alliée aux maisons de France, — de Navarre-Evreux (1) et Navarre-Albret (2), — de Foix, — d'Angleterre, — d'Ecosse,

qui serait une marque de la plus grande distinction; il l'institua le 1er janvier 1579, sous le nom et à l'honneur du Saint-Esprit, parce que le jour de la Pentecôte 1573, il avait été élu roi de Pologne, et qu'à pareil jour 1574, il avait succédé à la couronne de France.

Il faut être reçu chevalier de Saint-Michel avant que d'être reçu chevalier du Saint-Esprit. Cette réception se fait le matin de la seconde, dans le cabinet du roi et par lui; c'est par cette raison que les chevaliers de l'ordre du Saint-Esprit prennent le titre de chevaliers des ordres du roi. Indépendamment de ces chevaliers des deux ordres réunis, le roi s'est réservé la nomination de cent simples chevaliers de Saint-Michel, qu'il choisit d'ordinaire dans les artistes les plus distingués en tout genre, ou dans les commerçans, voyageurs, armateurs les plus marquans, et dont l'industrie ou les services utiles méritent sa particulière bienveillance; ceux qui reçoivent cet ordre sont anoblis de droit s'ils n'étaient pas nobles d'avance.

(1) C'est par cette alliance de Navarre-Évreux que la branche de la maison de Chabot, dite de Rohan-Chabot, descend de saint Louis, roi de France. (*Voyez* cette descendance, page 17.)

(2) C'est aussi par l'alliance de Navarre-Albret que la dite branche de

— de Castille, — d'Aragon, — de Milan, — de Bretagne, — de Bourgogne, — de Bourbon, — d'Angoulême, — de Flandre, — et à toutes les maisons souveraines de l'Allemagne et de l'Europe, par les filles qu'elle a données ou reçues, depuis les temps le plus reculés; — des maisons de Souabe, ducs souverains de Souabe et empereurs d'Allemagne; — de Lusignan, roi de Jérusalem, de Chypre et d'Arménie; — de Luxembourg, empereurs d'Allemagne, rois de Bohême et de Hongrie; — de Lorraine, empereurs actuels d'Allemagne, rois de Bohême et de Hongrie, etc.; — de Champagne-Sancerre, maison qui a donné des rois à la Navarre; des comtes de Champagne, de Brie, de Blois, de Chartres, etc.; — de Limoges-Brosse, branche cadette des anciens vicomtes de Limoges; — d'Oulmes, branche puînée des ducs d'Aquitaine, de Guyenne, comtes de Poitou, etc.; — de Château-Gontier, branche puînée des comtes du Perche et de Belême de la maison d'Alençon ancien; — de Craon, — de Laval-Montmorency; — de Maure, — de Retz ancien, — de Machecoul, — de Bourneuf, — de Parthenay, — de la Marck, — de Vergy, — de Roche-Chouart, — de Larochefoucauld, — de Vivonne la Chastaigneraye, — de Pierre-Buffière, — de Sainte-Maure, Joujac et Montauzier, — de Melun-d'Epinois, — de Silly la Roche-Guyon, — de Rouault-Gamache, — de Lugny, —

Rohan-Chabot descend de Jean d'Albret, roi de Navarre, et de Catherine de Foix, sa femme (*Voyez* page 19).

de Saulx-Tavannes,—de Bertrand de Briquebec, —de Rye,—d'Aumont,—d'Haluin,— de Longwi de Givry,— de Coligny, — d'Estissac, — de Puy-Guyon,—de Pisselleu-Heilly, — d'Anglure,—de Courcillon,—de Maillé la Tour-Landry, — de la Châtre, — Durfort-Duras, — de Clermont-Gallerande et d'Amboise, — d'Harcourt-Beuvron, — de Créqui,—de la Roche-Baucourt, — de Rohan, — de Rohan-Montbazon et Rohan-Soubise, — du Bec-du-Vardes-Grimaldy, — de Berghes, — de Fernan-Nunès (du nom de los Rios), — de Châtillon-sur-Marne, — de Crussol-d'Uzès, — de Pons-Saint-Maurice, — de Gouffier-Rouannès, — d'Howard-Stafford, — de Beauvau, — de Castellane, — de Montmorency, etc.

DESCENDANCE

DE

SAINT LOUIS DE FRANCE,

ET PAR CONSÉQUENT,

DE HUGUES CAPET.

Louis IX, dit saint Louis, roi de France	Marguerite de Provence, sa femme.
1. Philippe III, dit le Hardi, roi de France.	Isabelle d'Aragon.
2. Philippe IV, dit le Bel, roi de France et de Navarre.	Jeanne, fille unique et héritière de Henri, roi de Navarre.
3. Louis X, dit le Hutin, roi de France et de Navarre.	Marguerite, fille de Robert, duc de Bourgogne, et d'Agnès de France, fille de saint Louis.
4. Jeanne, héritière du royaume de Navarre, qu'elle apporta à son mari, Philippe, comte d'Évreux, petit-fils du roi Philippe-le-Hardi, et arrière-petit-fils de saint Louis.	
5. Jeanne de Navarre, dite la Jeune, mariée à Jean (Ier du nom), vicomte de Rohan.	
6. Charles de Rohan	Catherine du Guesclin, dame du Verger.
7. Louis de Rohan (Ier du nom), seigneur de Guémené.	Marie de Montauban.
8. Pierre de Rohan, seigneur de Gyé, maréchal de France.	Françoise de Porhoët.
9. Pierre de Rohan, seigneur de Fontenay, de la Marche et du Gué, etc.	Anne de Rohan, fille de Jean II, vicomte de Rohan, et de Marie de Bretagne, héritière de la branche aînée de Rohan.
10. René (Ier du nom), vicomte de Rohan, prince de Léon, comte de Porhoët.	Isabelle d'Albret, fille de Jean, roi de Navarre, grand'tante de Henri IV.

11. René (IIe du nom), vicomte de Rohan, etc. — Catherine de Parthenay, dame de Soubise.

12. Henri (IIe du nom), vicomte, puis créé duc et pair de France. — Marguerite de Béthune, fille du duc de Sully.

13. Marguerite, duchesse de Rohan, princesse de Léon, fille unique et héritière de son père, épousa Henri Chabot, seigneur de Saint-Aulaye, duc de Rohan, pair de France, etc., avec substitution expresse des noms et armes pleines de Rohan à son fils aîné et à toute sa postérité.

14. Louis de Rohan-Chabot, duc de Rohan, prince de Léon, etc. La branche aînée de leurs enfans ayant parcouru trois générations, puis s'étant éteinte, nous reprenons ici la lignée de leur second fils. — Marie-Élisabeth du Bec-de-Vardes-Grimaldy.

15. Guy-Auguste de Rohan-Chabot, dit le comte de Chabot, second fils de Louis, duc de Rohan, et de mademoiselle de Vardes. — Yvonne-Sylvie du Breil de Rays.

16. Louis-Antoine-Auguste de Rohan-Chabot, duc de Rohan, pair de France, prince de Léon, comte de Porhoët, marquis de Blain, etc. — Élisabeth-Louise de Larochefoucauld.

17. Alexandre-Louis-Auguste de Rohan-Chabot, duc de Rohan. — Anne-Louise-Madeleine-Élisabeth de Montmorency.

   1° Louis-François-Auguste de Rohan-Chabot, comte de Porhoët, duc de Rohan, mort cardinal de la S. É. C., A et R., le 8 février 1833.

   2° Anne-Louis-Ferdinand de Rohan-Chabot, aujourd'hui duc de Rohan.

   3° Louise-Anne-Léopoldine-Cécilia-Léontine de Rohan-Chabot, morte le 23 avril 1795.

   4° Adélaïde-Henriette-Antoinette-Stéphanie de Rohan-Chabot, dite Mlle de Chabot.

   5° Marie-Charlotte-Léontine de Rohan-Chabot, dite Mlle de Léon.

   6° Anne-Louise-Zoé-Emma-Clémentine de Rohan-Chabot, dite Mlle de Porhoët.

   7° Louis-Charles-Philippe-Henri-Gérard de Rohan-Chabot, comte de Chabot.

DESCENDANCE

DE

JEAN D'ALBRET, ROI DE NAVARRE,

ET PROCHE PARENTÉ

De la Maison de Rohan-Chabot

Avec la branche royale de France.

Jean d'Albret, roi de Navarre, comte de Foix, de Gavre, de Périgord, vicomte de Limoges et de Tartas, par sa femme Catherine de Foix, reine de Navarre, etc.

1. Henri d'Albret, roi de Navarre, fils de Jean et de Catherine de Foix, épousa : Marguerite de Valois, sœur de François Iᵉʳ, roi de France, et veuve en premières noces du duc d'Alençon.	Isabelle d'Albret, princesse de Navarre, fille de Jean, roi de Navarre, et de Catherine de Foix, et sœur de Henri, rapporté ci-contre, épousa : René (Iᵉʳ du nom), vicomte de Rohan, et prince de Léon, etc.
2. Jeanne d'Albret, reine de Navarre, fille unique de Henri, roi de Navarre, épousa : Antoine de Bourbon, duc de Vendôme et roi de Navarre par elle.	René (IIᵉ du nom), vicomte de Rohan, épousa : Catherine de Parthenay, dame de Soubise.
3. Henri IV, roi de France et de Navarre, épousa en secondes noces : Marie de Médicis.	Henri (IIᵉ du nom), vicomte, puis créé duc de Rohan, pair de France, épousa : Marguerite de Béthune.
4. Louis XIII, roi de France et de Navarre, épousa : Anne d'Autriche.	Marguerite de Rohan, restée seule héritière des biens de son père, épousa : Henri Chabot, seigneur de Saint-Aulaye, duc de Rohan par son mariage.

5. Louis XIV, dit le Grand, roi de France et de Navarre, épousa :
Marie-Thérèse d'Autriche.

6. Louis, grand-dauphin, dit Monseigneur, épousa :
Marie-Christine-Victoire de Bavière.

7. Louis, duc de Bourgogne, puis dauphin, épousa :
Marie-Adélaïde de Savoie.

8. Louis XV, roi de France et de Navarre, épousa :
Marie Leckzinska, princesse royale de Pologne.

9. Louis, dauphin, fils de Louis XV et père de Louis XVI, etc., épousa en secondes noces :
Marie-Joseph de Saxe.

Louis de Rohan-Chabot, duc de Rohan, pair de France, prince de Léon, comte de Porhoët, marquis de Blain, épousa :
Marie-Élisabeth du Bec-de-Vardes-Grimaldy.

Guy-Auguste de Rohan-Chabot, appelé d'abord le chevalier de Rohan, puis ensuite le comte de Chabot, second fils de Louis, duc de Rohan, et frère cadet de Louis-Bretagne-Alain, aussi duc de Rohan, épousa :
Yvonne-Sylvie du Breil de Rais.

Louis-Antoine-Auguste de Rohan-Chabot, duc de Chabot, et ensuite duc de Rohan, pair de France, etc., par l'extinction de la branche aînée dans la personne du duc Louis-Marie-Bretagne-Dominique, épousa :
Louise-Élisabeth de Larochefoucauld.

Alexandre-Louis-Auguste de Rohan-Chabot, prince de Léon, épousa :
Anne-Louise-Madeleine-Élisabeth de Montmorency.

1° Louis-François-Auguste de Rohan-Chabot, comte de Porhoët, cardinal duc de Rohan.
2° Anne-Louis-Fernand de Rohan-Chabot, duc de Rohan.
3° Louise-Anne-Léopoldine-Cécilia-Léontine de Rohan-Chabot, morte le 23 avril 1795.
4° Adélaïde-Henriette-Antoinette-Stéphanie de Rohan-Chabot, comtesse de Gontaut-Biron.
5° Marie-Charlotte-Léontine de Rohan-Chabot, marquise de Lambertye.
6° Anne-Louise-Zoé-Emma-Clémentine de Rohan-Chabot, comtesse d'Estourmel.
7° Louis-Charles-Philippe-Henri-Gérard de Rohan-Chabot, comte de Chabot.

Les membres de la maison de Chabot ont l'honneur d'être les plus proches parens français de la famille royale de France, par leur aïeule, Isabelle d'Albret, princesse de Navarre (1). Cette descendance leur donnait droit au royaume de Navarre, immédiatement après la postérité d'Henri IV, qui avait hérité de ce royaume par sa mère Jeanne d'Albret. Henri de Rohan, vicomte, puis duc de Rohan, était cousin issu de germain de ce roi, et pendant long-temps appelé après lui à la succession de la couronne de Navarre et présomptif héritier d'Écosse, comme le rappelle l'article suivant des lettres patentes de Louis XIV, données pour l'érection du duché de Rohan en pairie, en faveur d'Henri Chabot (2).

.... « Mais les feux rois d'heureuse mé-
« moire, nos très-honorés seigneurs, aïeuls et
« pères, savaient encore bien mieux que per-
« sonne, que notre dit cousin le duc de Rohan
« était le plus proche parent du côté maternel
« (par la dite maison de Navarre) qu'eût en
« France et ailleurs notre dit feu seigneur et
« aïeul, Henri-le-Grand, en sorte qu'il était non-
« seulement prince du sang de la dite maison de
« Navarre, mais même s'est vu aussi long-temps
« héritier présomptif de cette couronne sous ce

---

(1) *Voyez* cette filiation, page 19.
(2) Lettres patentes de réérection du duché de Rohan en pairie en faveur de Henri Chabot, en 1648. (*Voir* le père Anselme, histoire des grands officiers de la couronne, des pairs de France, etc.; édit. in-fol., page 553.)

« grand monarque, comme il était d'ailleurs
« prince de Bretagne et successeur apparent de
« la couronne d'Écosse, si Jacques Ier, roi d'An-
« gleterre et d'Écosse, fût mort sans enfans (1). »

Marguerite de Rohan, sa fille unique, restée seule de cette branche illustre, héritière de tous les biens de son père et de tous ses droits, tant présens qu'à venir, les transmit à son mari Henri de Chabot, duc de Rohan, qui s'en trouva investi par ce mariage. Louis de Rohan-Chabot, duc de Rohan, leur fils, obtint à ces titres une promesse de Louis XIV de lui donner le rang de prince étranger pour lui et sa race (2). François-Henri de Montmorency, duc de Luxembourg, maréchal de France, et François (VIIe du nom), duc de Larochefoucauld, obtinrent en même temps une pareille promesse du roi, qui fut sans effet, ainsi que celle du duc de Rohan, par l'indiscrétion de la gouvernante des enfans de M. le duc de Luxem-

---

(1) Jacques VI, roi d'Écosse, était fils de l'infortunée Marie Stuart, et père du malheureux Charles Ier, roi d'Angleterre ; Jacques VI, étant déjà roi d'Écosse, succéda à la reine Élisabeth d'Angleterre, et fut roi d'Angleterre et d'Écosse sous le nom de Jacques Ier.

(2) C'est en raison de cette promesse et de cette prétention au rang de prince étranger (tout aussi bien fondée que celle des maisons de Bouillon, de Rohan et de la Trémouille qui l'ont obtenu), qu'aucun seigneur de cette maison n'avait voulu (depuis cette époque) recevoir le cordon bleu, comme les autres seigneurs de France, à l'âge de trente-cinq ans, à l'exemple des trois maisons ci-dessus nommées, qui ne le prenaient point, parce que le roi ne voulait pas le leur accorder à l'âge de vingt-cinq ans, comme aux princes de Lorraine et aux anciens princes étrangers, dont cependant toutes les autres prérogatives à la cour leur étaient accordées.

Louis-Antoine-Auguste de Rohan-Chabot, duc de Chabot, puis ensuite

bourg, qui ébruita cette nouvelle (que le duc lui avait confiée) avant l'époque à laquelle le roi voulait la faire connaître, ce qui occasiona les représentations les plus vives et les plus pressantes des pairs du royaume et de toute la haute noblesse contre une grâce qui blessait leur fierté en donnant des prérogatives particulières à trois familles tirées de leur sein.

Toutes les personnes des deux sexes de la maison de Chabot ont néanmoins, dès avant l'époque du règne de François Ier, la distinction marquante et honorable d'être traitées de cousins, *à titre de parenté* (et non de dignité), par les rois de France et leur famille. Ce droit est constaté et reconnu par un brevet royal du 6 juin 1764 (1), et par une multitude de documens authentiques et autographes; il est également rappelé dans une lettre particulière de Louis XVIII à M. le duc de Rohan et écrite en entier de la main de ce prince, qui prend soin d'énoncer qu'il donne à M. le duc de Rohan le titre de cousin, non pas en raison de

---

duc de Rohan, est le premier de sa maison qui ait dérogé à cet usage sans renoncer à faire valoir ses droits dans l'occasion. Il fut nommé chevalier des ordres du roi le jour de la Pentecôte 1783, et reçu dans la chapelle de Versailles le 1er janvier 1784. — Par une suite des mêmes prétentions, tous les seigneurs de cette maison portaient le manteau ducal sur leurs armoiries, et leurs femmes (qui n'étaient pas duchesses) n'étaient pas présentées à la cour, parce qu'on ne leur y donnait pas les honneurs du rang. La duchesse de Chabot, femme du duc de Chabot, et ensuite de Rohan, qui alors s'appelait la comtesse de Chabot, fut la première qui se fit présenter sans les honneurs, qui lui furent donnés tout de suite après.

(1) *Voir* cette pièce à l'appendice.

sa dignité de duc, mais à cause (est-il dit dans cette lettre) « *des alliances que nos deux maisons ont contractées ensemble*, » et parce que toutes les branches de la maison royale descendent d'une fille de leur maison, illustration qui est aussi rappelée dans les lettres patentes d'érection du duché de Rohan en pairie en faveur d'Henri Chabot, en ces termes (1) :

« N'étant pas aussi à oublier entre les plus re-
« marquables alliances immédiates de la maison
« de Chabot, que notre dit cousin, par Madeleine
« de Luxembourg, sa quatrième aïeule, femme
« de Jacques Chabot, chevalier, baron de Jar-
« nac, a l'honneur d'appartenir en degrés assez
« proches à toutes les maisons impériales, royales
« et souveraines de l'Europe, d'où vient que les
« rois nos prédécesseurs, tant de la branche dite
« communément de Valois, que de celle de Bour-
« bon, soit à cause de la dite alliance de Luxem-
« bourg, soit aussi parce qu'en effet tous les rois
« de France et toutes les branches royales des-
« cendent médiatement d'une fille de Chabot,
« qui fut dame Eustache, femme de Geoffroi de
« Lézignem, comte de la Marche, de Japhe et
« de Cœzarée dans la Terre-Sainte, frère aîné de
« Guy et d'Aimery de Lézignem, successivement
« rois de Jérusalem, que les dits rois nos devan-
« ciers ont depuis long-temps reconnu et traité

(1) Lettres patentes pour le duché et pairie de Rohan en faveur de Henri Chabot, 1648. (Père Anselme, etc.)

« comme cousins et parens, tant par écrit qu'au-
« trement, les dits barons de Jarnac prédéces-
« seurs de notre dit cousin de Chabot, lequel et
« ses deux frères, le comte et le chevalier, ont
« dignement répondu par leur valeur et le mé-
« rite de leurs personnes aux avantages d'une si
« belle et si haute origine, et d'aussi illustres et
« augustes alliances, etc., etc., etc. »

NOTICE

HISTORIQUE ET GÉNÉALOGIQUE

SUR

LA MAISON DE CHABOT.

NOTICE HISTORIQUE

Et Généalogique

SUR

LA MAISON DE CHABOT.

Les premiers degrés sont marqués d'après André Duchesne, dans sa généalogie de la maison de Chabot, comprise dans celle de Châtillon-sur-Marne. On y a joint le produit des recherches et des découvertes que l'on a faites depuis la publication de cet ancien ouvrage.

Pierre, que l'on croit être le troisième fils de Guillaume IV, duc de Guyenne, comte de Poitou, et d'Emme de Blois, fille de Thibaut Ier, dit le *Tricheur*, comte de Blois et de Chartres, avait reçu de son père, comme partage, la seigneurie de la Chabotière, et les fiefs Chabot, près de Niort, auxquels on présume qu'il donna le nom de son sobriquet (1).

Il signa la charte d'Emmery, dit Ostofrancus Ier, vicomte de Roche-Chouart (2), l'an 1018, au mois de mars, sous le règne de Robert, fils de Hugues Capet, mort en 996; Pierre vivait encore en 1030.

Il épousa Béatrix de Pierre-Buffière, fille de Garnier de Pierre-Buffière, chevalier, et d'Alix,

(1) Anciennes généalogies imprimées de la maison de Chabot, chartes, titres de famille des maisons de Roche-Chouart, de Pierre-Buffière, etc.

(2) Emery Ostofrancus, ou Ostofranc, était le cinquième fils de Giraud, vicomte de Limoges, et de Rothilde sa femme. Il est l'auteur de la maison de Roche-Chouart, ayant eu en partage la terre de Roche-Chouart, située dans le Poitou, vers les confins de l'Angoumois.

fille de Hildeguaire, vicomte de Limoges, et d'Anfrède de Séez (1). Malgré toutes les probabilités qui font croire que Guillaume qui suit était fils de Pierre et de Béatrix, cependant, comme ce fait n'est pas absolument démontré, les généalogistes exacts ne commencent les degrés suivis de cette maison qu ede Guillaume.

André Duchesne dit à ce sujet : « André Thevet
« et quelques autres ont rapporté l'origine de
« cette noble et célèbre maison à un nommé Fé-
« bran ou Ferry Chabot, mari d'Adrienne, sœur
« de l'empereur Frédéric Ier, dit Barberousse, et
« connétable de ce prince. Mais laissant le juge-
« ment de telle opinion libre à chacun, je repré-
« senterai ici seulement ce que j'en ai remarqué
« par bons titres et témoignages. Le premier donc,
« et le plus ancien seigneur de la famille des Cha-
« bot, duquel se trouve preuve *suivie* et *assurée*
« était : »

Ier DEGRÉ.

Guillaume (fils de Pierre), chevalier, seigneur de la Chabotière et des fiefs Chabot (2). Il fut présent avec Henri Ier, roi de France, Guillaume VI, duc de Guyenne, Guillaume II du nom, sire de Parthenay, Hélie, sire de Vouvent, Erfroy, vi-

---

(1) Cette ancienne maison de Pierre-Buffière était une branche puînée de la maison de Limoges.

(2) Chartulaire de l'abbaye de Vendôme. Charte de la dotation et fondation de l'abbaye de la Sainte-Trinité de Vendôme, l'an 1040.

(Règne de Henri Ier, petit-fils de Hugues Capet.)

comte d'Aulnay, et autres grands seigneurs de Poitou et d'Anjou, à la fondation et dotation de l'abbaye de la Sainte-Trinité de Vendôme que firent Geoffroy (IIe du nom), dit Martel Ier, comte d'Anjou, et Agnès de Bourgogne, sa femme, veuve de Guillaume IV, duc de Guyenne, l'an 1040. Auquel temps (dit André Duchesne), « si « Guillaume Chabot était âgé seulement de qua- « rante ans, il s'ensuit que la maison de Chabot « florissait en ce royaume, pleine de grandeur et « de gloire, cent cinquante ans devant que Fré- « déric Barberousse parvînt à l'empire. »

Il paraîtrait que ce fut lui qui s'obligea de fournir tous les ans à l'abbaye de Saint-Maixent en Poitou deux cierges du poids de treize livres, au jour de la fête de ce saint, en reconnaissance d'une victoire qu'il avait, par son intercession, remportée dans un combat; fondation que ses successeurs ont depuis acquittée.

IL ÉPOUSA Mahaud de Lusignan, dont la maison a produit des rois de Jérusalem, de Chypre et d'Arménie. Elle était fille de Hugues, sire de Luzignem (ou Lusignan, comme on l'écrit aujourd'hui), et d'Almodie de la Marche.

ILS EURENT POUR ENFANS (1) : 1° Thibaut Chabot, mort sans postérité (2).

---

(1) Anciennes généalogies de la maison de Lusignan et de celle de Chabot; André Duchesne.

(2) Le père Anselme parle de ce Thibaut comme du continuateur de la maison; mais des recherches plus exactes ont démontré qu'il se trom-

2° Ithier Chabot, évêque de Limoges en 1052 (1), qui fût présent au sacre du roi Philippe Ier, encore enfant, et du vivant du roi son père, en 1059 (2); il se trouva, le 1er avril 1068, au concile tenu à Bordeaux par Étienne, légat du saint-siége, sous le pontificat d'Alexandre II. Il avait fait son testament dès 1062, et mourut en 1073. Il fut inhumé dans l'église de Saint-Augustin de Limoges.

3° Lézin Chabot, chevalier, qui accompagnait le roi Philippe Ier, et était à sa cour en l'année 1072 (3). C'est lui qui fut le père d'Ithier Chabot, chevalier, vivant en 1080, et qui, étant encore enfant,

pait, et que c'est Pierre, le dernier de ses frères, qui a continué la lignée dont on écrit aujourd'hui la filiation, comme le rapportaient André Duchesne et les autres généalogistes de la maison de Chabot.

(1) Cet Ithier a été oublié par André Duchesne, mais le père Anselme, dans la généalogie de la maison de Chabot insérée dans son histoire des grands officiers de la couronne, et tous les autres historiens généalogistes, en font mention avec détail. *Voyez* entre autres *Gall. Christ.*, édit. nov., tom. II, col. 515. L'évêché de Limoges, qu'il possédait, était un des plus considérables du royaume ; voici ce qu'en dit entre autres le marquis de Paulmy, dans ses *Mélanges tirés d'une grande bibliothèque de livres de géographie et d'histoire*, tom. 4. p. 257. « Jusqu'au quatorzième siècle,
« l'évêché de Limoges était pour ainsi dire immense. Le pape Jean XXII
« en a enlevé tout ce qui forme le diocèse de Tulle ; cependant, il lui
« reste encore tout le haut Limousin, une portion du bas, toute la Marche
« haute et basse, et une partie de l'Angoumois. L'évêché de Limoges peut
« se vanter d'avoir été occupé, dans les premiers siècles, par plusieurs saints,
« tels que saint Ferréols, saint Loup, saint Sacerdos, saint Sessator, sans
« compter saint Martial ; ensuite par de grands seigneurs, frères ou proches
« parens des ducs d'Aquitaine; aussi avait-il des revenus considérables, etc »

(2) Philippe Ier fut sacré et couronné à Reims à l'âge de sept ans, en 1059, du vivant et en présence du roi Henri Ier, son père, qui lui donna pour tuteur Baudoin, comte de Flandre, son oncle maternel.

(3) Archives de l'abbaye Saint-Martin-des-Champs de Paris, de l'an 1072.

fut élevé en Allemagne, auprès de sa parente Agnès de Poitou, seconde femme de l'empereur Henry III, dit le Noir, en 1043, dont elle devint veuve le 5 octobre 1056. Cet Ithier eut pour femme Guillemette de Mata-Angoulême (de la maison des anciens comtes souverains d'Angoulême), dont elle eut, entre autres enfans, Ferry Chabot, qui épousa Adrienne de Souabe, sœur de l'empereur Frédéric Ier, dit Barberousse, chef de la maison de Souabe, mort en 1190.

C'est à ce Ferry Chabot, beau-frère de cet empereur dont il était aussi connétable, qu'André Thevet, Angoumoisin, premier cosmographe et historiographe du roi Henry II, commence la généalogie de la maison de Chabot, dans son ouvrage intitulé : *Des vrais Pourtraits et Vies des Hommes Illustres.* Ferry eut aussi une sœur, nommée Edette Chabot, mariée à Jean, seigneur de Montbazon, en Touraine.

4° Eudes Chabot, nommé dans un titre de l'abbaye de la Trinité de Vendôme avec Pierre son frère en 1086 (1);

5° Pierre Chabot, nommé dans le même titre de 1086 et dans un autre de l'Hôtel-Dieu de Montmorillon avec sa femme et ses enfans (2). Il suit.

(1) Cartulaire de la Sainte-Trinité de Vendôme, de 1086.
(2) Cartulaire de l'Hôtel-Dieu de Montmorillon, en Poitou.

IIe DEGRÉ.

Pierre Chabot (IIe du nom), chevalier qui fut, dit-on, le premier qui porta d'une manière constante et qui transmit à sa postérité le nom de *Chabot*, que les fiefs de ce nom avaient reçu du surnom que portait Pierre Ier, probablement à cause de la grosseur de sa tête. Il vivait sous le règne de Philippe Ier; il est fait mention de lui dans un titre de l'abbaye de Vendôme en l'an 1086, et selon le cartulaire de l'Hôtel-Dieu de Montmorillon en Poitou,

Il épousa : Perrenette ou Perronelle de la Tour-du-Pin, fille de Guillaume de la Tour-du-Pin et de Rose de Carcassonne.

Le cartulaire de l'Hôtel-Dieu de Montmorillon (dit André Duchesne) rapporte que de Pierre Chabot et de Perronelle de la Tour naquirent quatre fils, à savoir :

1° Thibaut Chabot, qui suit et continue la lignée.

2° Pierre Chabot, dit de la Tour, du nom de sa mère, et peut-être aussi parce qu'il fut seigneur de la Tour-Chabot, duquel (dit André Duchesne) « je n'ai trouvé la descendance. D'autres préten-
« dent que ses enfans ont fait une branche établie
« en Savoie et dans le comté de Nice, puis ren-
« trée en France dans le seizième siècle et éteinte
« depuis. »

3° Airard Chabot.

4° Raoul Chabot.

IIIᵉ DEGRÉ.

Thibaut Chabot (Iᵉʳ du nom), chevalier, seigneur de Sainte-Hermine, sire de Vouvent et de Mairevaut, confirma en 1090 (1) la donation que Savary de Thouars, vicomte de Fontenay, frère d'Émery III, vicomte de Thouars, fit à l'abbaye de Bourgueuil-en-Valée de la paroisse de Saint-Lors ou de Saint-Laon. « Et l'ordre du temps (dit André Duchesne),
« joint à sa qualité de sire de Vouvent, montre
« qu'il épousa l'héritière de Gérard, sire de Vou-
« vent après Raymond son père, à qui Guillau-
« me IV, duc de Guyenne et comte de Poitou, avait
« donné Vouvent, confisqué pour rébellion sur
« Hélie, duquel j'ai parlé au premier degré de
« cette généalogie ; car le comte le déclare ainsi
« par une charte de l'abbaye de Saint-Maixent.
« Ce Gérard était puissant seigneur et aimé du
« duc de Guyenne, qui l'établit PLÉGE de l'exécu-
« tion de l'accord fait entre lui et *l'évêque Jour-*
« *dain sur la forme de l'élection des évêques de*
« *Limoges ; et il semble qu'en l'honneur de sa mé-*
« *moire, le nom de Gérard fut depuis affecté à la*
« *famille des Chabot.* »

Il fit quelques donations à l'abbaye de Bourgueuil et à celle de Deols en 1092, confirma (2) la donation faite à l'abbaye de l'Absye par un

(1) Cartulaire de l'abbaye de Bourgueil de 1090. (Règne de Philippe Iᵉʳ.)
(2) Le père Anselme.

nommé Olivier Désiré. Il accorda à cette abbaye l'exemption de tout droit de péage sur ses terres. Il vivait encore en 1100.

Il épousa Alix (ou, suivant d'autres, Mirabilis), dame de Vouvent et de Mairevaut, fille et héritière de Gérard, sire de Vouvent, et d'Ausberte, fille de Robert, sire de Montberon (famille descendue par mâles des comtes d'Angoulême) (1). Alix de Vouvent épousa Thibaut Chabot en 1092. Elle était à cette époque veuve de Robert de Mauléon et vivait encore en 1100.

Ils eurent pour enfans : 1° Sébran Chabot qui continue la lignée.

2° Gaudin ou Garnier Chabot, nommé dans des titres de l'abbaye de Fontevrault de l'an 1148.

3° Briant Chabot, vivant en 1148 et 1151, nommé dans des titres de l'abbaye de l'Absye.

4° Béline Chabot, de laquelle il est parlé dans la fondation de Brisay, l'an 1120.

IVᵉ DEGRÉ.

Sébran Chabot, sire de Vouvent, de Mairevaut, etc., est appelé Thibaut par quelques histo-

---

(1) Guillaume, comte d'Angoulême, l'un des aïeux de Robert, était mari de Gerberge d'Anjou, vicomtesse de Blaye, laquelle avait pour bisaïeule Gerberge, fille de Judicaël, roi de Bretagne, et de Proselle de Léon, maison aussi descendue par mâles des anciens rois de ce pays. (Directe imprimée de Louis de Rohan-Chabot, faite avant 1700, et rapportée au procès du duc de Rohan et des princes de Guémené et de Soubise, en 1700.)

riens. Il assista à la fondation (1) que fit en 1135 Guillaume II, surnommé Adelême ou Aleaume, évêque de Poitiers, de l'abbaye de Bellevaux, depuis simple prieuré du nom de Sauzay sur la rivière de Vendée, à une demi-lieue de Fontenay, à laquelle, du consentement de sa femme et de Thibaut son fils aîné, il fit donation d'une maison avec droit de dîmes à Cuitebray (ou Quiedfroy); il donna la même année à celle de l'Absye le terrage de Massigné, ce qu'il confirma depuis en partant pour Jérusalem et la Terre-Sainte, avec le roi Louis-le-Jeune, dans la croisade de 1147. Il avait consenti précédemment, en 1140, au don qu'un nommé Bodin fit à Langefougereuse; ce fut lui pareillement (dit André Duchesne) qui soutint à Saint-Jean-d'Angély, le 2 février 1151 (2), en présence du roi Louis VII, dit le Jeune, duc de Guyenne, contre Godin, abbé du monastère de Maillezais, érigé depuis en évêché, qu'à titre de succession de son père, il avait droit d'avouerie, garde et juridiction sur cette abbaye et membres en dépendant, tenus par lui et ses successeurs à hommage lige du comte de Poitou à cause de sa baronnie de Vouvent, ce qu'il offrait de prouver, appuyer et vérifier par le duel, ou à l'épreuve du fer bouillant, etc., selon l'usage et coutume du

---

(1) Charte de la fondation de l'abbaye de Bellevaux, de l'an 1135. Règne de Louis VI, dit le Gros, et de Louis VII, dit le Jeune.

(2) Charte de l'abbaye de Maillezais du 2 février 1151. — André Duchesne, le père Anselme, Moréri, etc.

temps. Néanmoins, il perdit sa cause par jugement du roi séant en son conseil garni de plusieurs hauts barons et grands seigneurs, et depuis encore par sentence conforme du mois de mars au même an, émanée de Geoffroy III, archevêque de Bordeaux, Bernard, évêque de Saintes, Gilbert II, surnommé *Porée*, évêque de Poitiers, Hugues de Chamfleury, chancelier de France, Guillaume IV, dit *Taille-Fer*, comte d'Angoulême, Geoffroy de Rançon, Hugues, sire de Lézignem, et autres prélats et barons de la province.

Il epousa (1) Agnès, dame de la Roche-Servière et de la Grève, fille et héritière d'Emmery, seigneur de la Roche-Servière, chevalier, et d'Agnès de la Faye, fille de Raoul de la Faye, grand sénéchal de Guyenne, et d'Agnès, fille de Guillaume IX, duc de Guyenne, comte de Poitou, de Gascogne, de Toulouse, et de Mahaud Philippe de Toulouse, sa seconde femme (2).

Ils eurent pour enfans : 1° Thibaut Chabot (II° du nom) qui suit.

2° « (3) Sébran Chabot, archidiacre de Thouars,

---

(1) D'après Catel et Béli.

(2) Cette alliance, indépendamment de la descendance par mâles, fait venir par les femmes, d'une manière assurée, la maison de Chabot de celle des ducs de Guyenne, comme Mahaud Philippe de Toulouse les fait descendre des rois de France de la première race, puisqu'elle avait pour trisaïeuls Ramire roi d'Aragon, et Hermelinde d'Armagnac, venue en droite ligne de ces princes par Roggis, deuxième fils de Cribert, roi d'Aquitaine et de Toulouse, qui avait pour père Clotaire, second roi de France, arrière-petit-fils de Clovis.

(3) Martyrologe de l'église de Limoges de 1177. — André Duchesne.

« en l'église de Poitiers, écolâtre de celle de Cam-
« bray en 1146, puis élu évêque de Limoges au
« commencement de février de l'an 1177, de la-
« quelle élection Bernard Guy, évêque de Lo-
« dève (1), qui florissait il y a trois cents ans, dit
« qu'elle déplut à Henry II, roi d'Angleterre,
« parce qu'il haïssait les Chabot, d'où vient qu'il
« chassa les chanoines de leurs maisons, les dé-
« pouilla de leurs biens, et priva l'église cathé-
« drale de Limoges de l'exercice des sacrés
« mystères. Car c'est un témoignage évident de
« l'affection et fidélité de cette maison au service
« de nos rois, puisqu'elle mérita d'encourir ainsi
« la haine de l'ennemi capital et juré de leur cou-
« ronne.

« Toutefois, Sébran Chabot ne laissa pas de
« jouir paisiblement depuis de l'évêché ; et le jour
« de Pasques, l'an 1183, après avoir célébré la
« messe, il assista même Aymar, vicomte de Li-
« moges, en la défaite de six mille Brabançons
« qui détruisaient toutes les églises du pays.

« Ce fut aussi lui qui fit faire la grosse cloche
« de son église. Il assista au concile de Latran en
« 1179, travailla beaucoup pour le repos de ses
« diocésains, mourut en 1197, et fut enterré dans
« le monastère de Saint-Augustin (2). »

(1) Bernard Guy, évêque de Lodève, écrivit vers l'an 1300 une histoire des évêques de Limoges. André Duchesne, qui dit que cet historien florissait il y a trois cents ans, écrivait vers l'an 1600, ce qui indique justement cette époque.

(2) *Voyez* Gall. Christ., nov. édit., tom. II, col. 525.

3° Pierre Chabot,
4° Garnier Chabot, } témoins dans un titre de l'abbaye de Montmorillon de l'année 1152 (1).

5° Améline Chabot, mariée à Pierre Lunel, seigneur dauphinois, du consentement duquel elle se rendit religieuse à Fontevrault, en 1150 (2).

Ve DEGRE.

Thibaut Chabot (IIe du nom), sire de Vouvent et de Mairevaut, seigneur de la Roche-Servière, de la Grève et autres lieux, est reconnu fils de Sébran Chabot et d'Agnès de la Roche-Servière, et frère de l'évêque Sébran, « en un vieil martyrologe de l'église de Limoges (3). » Il renouvela les prétentions de son père au sujet de la garde et avouerie de l'abbaye de Maillezais, en l'an 1173, et confirma en mourant, à celle de l'Absye, ce que le seigneur de Chantemesle lui avait donné.

Il epousa Enor, dame de Château-Mur, fille de Hugues, seigneur de Château-Mur, et de Jeanne des Essarts, qui se trouvait petite-fille d'Antoinette Chabot, fille de Ferry Chabot, seigneur de la Chabotière, et d'Adrienne de Souabe, sœur de l'empereur Frédéric Ier, dit Barberousse (4).

---

(1) Cartulaire de l'abbaye de Montmorillon de 1152.
(2) Cartulaire de l'abbaye de Fontevrault de 1150.
(3) D'après André Duchesne, etc.
(4) Adrienne de Souabe avait entre autres aïeuls maternels Henri (IVe du nom), empereur d'Occident et duc de Franconie, et Berthe, princesse de Savoie. Directe imprimée du duc de Rohan (Louis.)

Ils eurent pour enfans : 1° Thibaut (III⁰ du nom), qui continue la postérité.

2° « Eustache ou Eustachine Chabot, dame ba-
« ronne de Vouvent et de Mairevaut, apporta la
« possession (1) de la ville de Vouvent, des seigneu-
« ries qui en dépendent, et la contestation sur l'ab-
« baye de Maillezais, avant l'an 1200, à son mari
« Geoffroy de Lézignem, comte de la Marche,
« de Japha, et de Cézarée en la Terre-Sainte. Il
« était fils de Hugues VIII, dit le Brun, sire de Lé-
« zignem, et de Bourgogne de Rançon, et frère de
« Hugues IX, sire de Lézignem, comte de la
« Marche, et de Guy et d'Aymery de Lézignem,
« successivement rois de Jérusalem et de Chypre.
« Au moyen duquel mariage elle se vit belle-sœur
« de deux rois, et sœur et femme de deux puis-
« sans comtes; car Geoffroy, son époux, devint
« aussi, par sa valeur et bonne fortune, comte de
« Japha et de Cézarée en Syrie.

« D'eux sortit entre autres un fils appelé Geoffroy
« (II⁰ du nom), sire et seigneur de Vouvent, qui,
« continuant la dispute de ses devanciers, assiégea
« l'abbaye de Maillezais, dont il ruina les seigneu-
« ries et maisons, comme il se voit dans le traité
« latin qu'en dressa au même temps un religieux
« du lieu; mais à la fin ayant été excommunié pour
« ce sujet, il fut contraint de s'acheminer en Ita-
« lie, vers le pape Grégoire IX, qui lui bailla

(1) André Duchesne, etc. Généalogie de la maison de Lézignem, par Béli.

« l'absolution à Spolete, le 15 juillet 1223, moyen-
« nant la renonciation qu'il fit à son droit d'avoue-
« rie, gîte et jurisdiction. C'est ce brave seigneur
« que les romans appellent Geoffroy *à la grande-*
« *dent*, fils de la fée Méluzine (1), mais qui véritable-
« ment était né du mariage d'Eustache Chabot, la-
« quelle il nomme en un titre français de l'an 1233,
« pour l'aumônerie de Saint-Thomas de Fontenay,
« *Madame Eustache ma bonne mère*, et de lui na-
« quit une seule fille (2) nommée Eustache de Lé-
« zignem, du nom de son aïeule, mariée en la
« maison de Parthenay, où la ville de Vouvent de-
« meura jusqu'à Jean l'archevêque (IIe du nom),
« seigneur de Parthenay, qui la vendit (3) avec ses
« autres terres au roi Charles VII. Mais depuis,

(1) La fameuse Méluzine n'était autre que Eustache ou Eustachine Chabot, suivant André Duchesne.

(2) Ici André Duchesne commet une erreur, car Geoffroy de Lusignan, dit à la grande-dent, mourut sans enfans de sa femme Hamberte de Limoges; mais il eut un frère, nommé Guillaume, qui fut après lui sire de Mairevaut et de Vouvent, et qui eut deux filles. La première, nommée Valérye, ou, selon d'autres, Eustache de Lusignan, dame de Vouvent, etc., épousa Hugues l'archevêque de Parthenay, d'où est venue la postérité ci-dessus rapportée. La seconde, nommée Elise, fut mariée à Barthelemy, chevalier, seigneur de la Haye et de Passavant, fils de Geoffroy, seigneur des dits lieux.

Jean l'archevêque, (IIe du nom), sire de Parthenay, qui vendit Vouvent à Charles VII, eut pour petite-fille Jeanne de Parthenay, mariée à Guillaume de Melun; Marguerite de Melun, leur fille, épousa Jacques d'Harcourt, baron de Montgomery, père de Marie d'Harcourt, seconde femme de Jean, comte de Dunois et de Longueville, dont la postérité, venue de Thibaut Chabot (IIe du nom) et d'Œur de Château-Mur, a possédé jusqu'à son extinction la baronnie de Vouvent, réunie depuis au domaine.

(3) Ainsi que Mairemont, Chatel-Aillon, Secondigny-en-Poitou, etc.

« Jean, bâtard d'Orléans, comte de Dunois et de
« Longueville, les retira des mains d'Artus de
« Bretagne, comte de Richemont, à qui le roi
« Charles en avait fait cession, et ses héritiers en
« ligne masculine les possèdent encore aujour-
« d'hui (1); ce qui m'a semblé d'autant plus digne de
« remarque, qu'ils sont véritablement descendus
« d'Eustache Chabot, car Marie d'Harcourt, femme
« de Jean, comte de Longueville, était fille de
« Marguerite de Melun, fille de Guillaume de Me-
« lun et d'une sœur de Jean l'archevêque, dernier
« de ce nom, seigneur de Parthenay et de Vou-
« vent (2). »

VIe DEGRÉ.

Thibaut Chabot (IIIe du nom), chevalier, seigneur de la Roche-Servière, de la Grève, du petit château de Vouvent, et autres lieux, confirma avec sa femme, en 1185 (3), à l'abbaye de l'Absye, en Bas-Poitou, ce que son père et son aïeul lui avaient

---

(1) Il faut remarquer qu'André Duchesne écrivait ceci en 1600. Depuis ce temps, cette baronnie a été réunie au domaine.

(2) C'est cette même Eustache Chabot, femme de Geoffroy de Lusignan, qui est rappelée dans les lettres patentes d'érection du duché de Rohan en pairie, en faveur d'Henri Chabot, lorsque parmi les causes qui ont valu, depuis plusieurs siècles, de la part de nos rois, le traitement de cousins et de parens à la maison de Chabot, il est dit :

. . . . . « Soit aussi parce qu'en effet tous les rois de France et toutes
« les branches royales descendent médiatement d'une fille de Chabot,
« qui fut dame Eustache, femme de Geoffroy de Lusignan, comte de
« Japhe, etc. » (Lettres patentes d'érection du duché de Rohan en pairie, en faveur d'Henri Chabot, 1648.)

(3) André Duchesne, règne de Philippe-Auguste.

donné, et ils fondèrent ensemble les prieurés de Gambières et de Maurepast. Il fut employé par le roi Philippe-Auguste aux principales affaires de l'état. Ce fut lui qui fut présent avec plusieurs autres grands seigneurs, tels que Mathieu de Montmorency, sire de Marli, Robert, comte d'Alençon, Gaucher de Châtillon (sur Marne), comte de Saint-Paul, Guillaume des Barres, et plusieurs autres chevaliers également illustres, au traité de Trèves, convenu entre le roi Philippe-Auguste et Jean, roi d'Angleterre, en 1214, et il en jura les articles au nom du roi. Il vivait encore en 1218 (1).

Il épousa Agnès (ou, suivant d'autres, Marguerite), dame de la Motte-Achard et de la Maurière, fille de Guillaume de la Motte-Achard, chevalier, seigneur des mêmes terres, et de N... Chabot. Guillaume de la Motte-Achard, père d'Agnès, était présent du côté de Jean, roi d'Angleterre, au traité de 1214, avec Philippe-Auguste. Il était d'une maison déjà fort ancienne à cette époque, puisque l'on trouve le nom d'un de ses pères souscrit dans une charte d'Ebles, comte de Poitou et duc d'Aquitaine, mort en 935.

Ils eurent pour enfant : Thibaut qui suit :

VIIe DEGRÉ.

Thibaut Chabot (IVe du nom), chevalier, seigneur de la Roche-Servière, de la Grève, de la

---

(1) Voyez le 1er volume des Historiens de Normandie.

Motte-Achard, de la Morière, du petit château de Vouvent, de Larrières, des Granges, de Fontenay, d'Oulmes, des Essarts, de Saint-Denis, de la Chevasse, et autres lieux, confondu avec son père par plusieurs généalogistes. C'est par cette raison que son fils aîné est connu dans l'histoire sous le nom de Thibaut IV, au lieu d'être appelé Thibaut V (1).

Il épousa N...., dame, héritière d'Oulmes, d'une branche cadette de la maison des ducs de Guyenne, fille d'Emery, seigneur d'Oulmes et de Péronelle de Vivonne (2).

Ils eurent pour enfans : 1° Thibaut Chabot V, qui suit.

2° Gérard Chabot, { tige des sires et barons de Raiz ou Retz, mentionnés ci-après, § I.

3° Sébran Chabot, { qui produisit la branche des seigneurs de la Grève, dont est sortie celle de Jarnac, tige de celle de Rohan-Chabot, et mentionnées ci-après, § II, III et IV.

(1) Directe imprimée de Louis de Rohan-Chabot, duc de Rohan, pièce reçue, citée et rapportée au procès de 1700 contre les princes de Guémené et de Soubise.

(2) Maison que plusieurs auteurs font sortir de celle de Rennes, branche puinée de la maison des anciens rois de Bretagne ; en remontant les degrés de la maison d'Oulmes jusqu'à Fier-à-Bras, duc de Guyenne, et Emme de Blois-Champagne, sa femme, et par cette maison à celle de Vermandois, elle se trouve descendre de Pépin de Vermandois, seigneur de Péronne, fils de Bernard, roi d'Italie, et de Berte de Moselane.

VIIIe DEGRÉ.

Thibaut Chabot (V^e du nom) (1), chevalier, seigneur de la Roche-Servière, des Essarts, etc., fut présent, en 1246, à la donation que Thibaut Chasteigner fit à Enor, sa cousine, femme de Pierre Jousseaume (dont sont descendus les seigneurs de la Bretèche); assigna le douaire de sa femme sur ses terres, par une charte du mardi avant la Nativité de saint Jean-Baptiste, l'an 1250, du consentement de Gérard et de Sébran, ses frères (peut-être parce qu'ils n'avaient point encore fait leur partage); et, dans la même année, il fut chargé, avec Aimery, vicomte de Thouars, Renaut de Thouars, sire de Vihers, Jean d'Alerdéan de Bressuire, Guillaume Armangers et Guillaume de Verno, chevaliers, de défendre, garder et loyalement conseiller Albe de Roye, chevalier, en la conduite de ses affaires.

Il épousa Énor de Brosse-Limoges, dame des Essarts, fille de Bernard (IIIe du nom), vicomte de Brosse, d'une branche cadette de la maison des vicomtes de Limoges, dont les rois de France et la plupart des maisons souveraines de l'Europe sont descendus (2).

(1) Il est nommé par A. Duchesne, le père Anselme et plusieurs autres, Thibaut IV, à cause de la méprise rapportée ci-dessus à l'article de son père.

(2) Ce qui est cité particulièrement dans les lettres patentes d'érection du duché-pairie de Rohan en faveur d'Henri de Chabot, lorsqu'en parlant des illustres alliances de cette maison, il est dit : « Car elle a été alliée im-

Ils eurent pour enfans : 1° Sébran Chabot (IIe du nom), qui suit (1).

2° Thibaut Chabot, mentionné dans un acte de 1269, avec Thibaut Chasteigner, chevalier, et dans un autre de 1303.

3° Gérard Chabot, vivant en 1303.

4° Marguerite Chabot, mariée en présence de ses oncles, par traité du mois de juin 1243, à Guillaume de Beaumont, fils aîné de Guillaume de Beaumont, écuyer. Le contrat est scellé de quatre sceaux : au premier, trois chabots ; le deuxième est perdu ; au troisième, trois chabots et un lambel de trois pendans, et pour contre-sceau un chabot et un S dans la légende ; le quatrième est perdu.

IXe DEGRÉ.

Sébran Chabot (IIe du nom), seigneur de la Roche-Servière et des Essarts, fit hommage à l'abbé de Saint-Maixent en 1257, reconnut en 1259 devoir à cette abbaye deux cierges de treize livres, et cinq sous de chambellage par an, à raison de l'obligation qu'avait prise pour lui et sa race, Guillaume Chabot, son huitième aïeul, vivant en 1040, en reconnaissance d'une victoire qu'il avait rem-

---

médiatement............ et dans les temps les plus anciens, avec les rois de Jérusalem, du surnom de Lusignan, avec les vicomtes de Brosse et de Limoges, nos ancêtres.» Le père Anselme, *Histoire de la maison de France,* grands officiers de la couronne, tom. 4, page 553, généalogie de la maison de Chabot.

(1) Livres des fiefs de Poitou.

portée. Il fut un des principaux seigneurs de Poitou qui traitèrent en 1269 avec Alphonse de France, comte de Poitiers et de Toulouse (frère de saint Louis), du règlement des achats des fiefs à merci. André Duchesne dit de lui « qu'il fut
« député par le même prince pour terminer la
« querelle que Guillaume de Pegueny, chevalier,
« délibérait mouvoir devant lui, à raison du fils
« et héritier de feu Guy de Chausseraye, chevalier,
« par lettres données à Long-Pont, le lundi après
« les trois semaines de la Pentecoste, l'an 1269 (1).
« Mais quelques temps après sa postérité finit en
« deux filles. »

On n'a point trouvé le nom de sa femme.

Ses enfans furent : 1° N.... Chabot, dame de la Roche-Servière, terre qu'elle apporta en se mariant dans la maison de Ruffec, branche puînée de celle d'Angoulême ancien. La baronnie de Ruffec, un des partages des anciens comtes d'Angoulême, resta dans cette maison jusqu'en 1336, que Hervé, seigneur de Volvire, épousa Aliénor, qui en était restée seule héritière.

2° Mahaut Chabot, dame des Essarts, mariée à Savari de Vivonne, seigneur de Thors.

(1) Registres des lettres d'Alphonse, comte de Poitou.

§ Ier.

SIRES ET BARONS DE RETZ.

(ANCIENNEMENT ON ÉCRIVAIT RAIZ.)

VIIIe DEGRÉ.

Gérard Chabot, second fils de Thibaut Chabot (IVe du nom), sire de la Roche-Servière, de la Grève, etc., et de N... d'Oulmes (de la maison de Guyenne), mentionnés ci-dessus (1),

Eut en partage les terres de la Motte-Achard et de la Mourière, et était mort en 1250.

Il épousa Eustache, dite Aliette de Raiz ou Retz, fille et héritière de Raoul, Roc ou Arscot, sire de Retz, Machecoul, Faleron et Frédefonds, et de N...., fille du seigneur de Belleville. Une partie de cette immense baronnie de Retz, que l'on appelait *le pays de Retz* à cause de son étendue, a été depuis érigée en duché-pairie en faveur d'Al-

---

(1) André Duchesne, le père Anselme, etc. —Registres des plaidoiries du parlement. (Règne de saint Louis.)

bert de Gondy, créé duc de Retz au mois de novembre 1581.

Par ce mariage, il y a plus de six cents ans que le nom de Chabot se trouvait avoir séance aux états, parmi les neuf grands barons de Bretagne. Aliette de Raiz fut enterrée dans l'abbaye de Buzay à laquelle elle avait fait des dons considérables.

Ils eurent pour enfans : 1° Gérard Chabot (II° du nom), baron de Retz, qui suit.

2° Geoffroy Chabot, seigneur de la Maurière.

3° Eustache Chabot, du nom de sa mère, accepta pour époux, dit André Duchesne, Gérard de Machecoul, chevalier, seigneur du Coustumier et de la Benaste.

Cette maison de Machecoul était une branche puinée de la maison de Retz, dont Gérard Chabot avait épousé l'héritière de la branche aînée et du nom.

IX° DEGRÉ.

Gérard Chabot (II° du nom), chevalier, baron et sire de Retz, seigneur de la Motte-Achard, de Machecoul, de Fredefonds, et autres belles terres en Bretagne, fut l'un des exécuteurs testamentaires de Geoffroy, seigneur de Châteaubriant, en 1262; s'empara de force de la part qui appartenait à Maurice, seigneur de Belleville en l'Isle de Bouin, qu'Alphonse de France, comte de Poitiers, lui ordonna de rendre par mandement du mardi après la Chaire de saint Pierre, 1265.

Il confirma l'année suivante les dons que sa mère avait faits à l'abbaye de Buzay où elle avait élu sa sépulture. Il fut caution (suivant un acte de 1269) *pour le vicomte* (sans doute Emeri VIII, vicomte de Thouars, ce qui est omis), et plaidait la même année pour une dîme que Raoul, baron de Retz, avait donnée aux religieuses de Valdemore, ordre de Fontevrault, en 1229, laquelle il leur laissa avec d'autres biens, par son testament de 1281 (1). Il fit le voyage d'Aragon avec les autres grands barons de Bretagne, en 1285 (2), sous la conduite de Jean de Bretagne, fils aîné du duc Jean Ier, lequel y assista le roi Philippe III, dit le Hardy, fils de saint Louis, pour tirer vengeance des Vêpres Siciliennes, et donna, en 1292, à l'abbé et aux religieux de Moustier de Chalcoce tout ce qu'il avait en la paroisse de Brion, en Anjou.

Son sceau (3) est un homme à cheval, armé de toutes pièces, la visière baissée, tenant son écusson chargé de trois chabots, avec un lambel de trois pièces; légende ✢ *Sigillum Gerardi Chabot;* au contre-sceau, trois chabots et lambel; légende

---

(1) Règne de Philippe III, dit le Hardy, fils de saint Louis.

(2) Frère Auguste Dupaz, en son *Recueil généalogique des familles illustres de Bretagne.*

(3) « Ceux qui ont dressé ci-devant les généalogies des barons de Raiz, « dit André Duchesne, l'ont confondu avec Gérard Chabot, son père, lui « attribuant cette campagne de guerre. »

✠ *Militis...* On en conserve plusieurs empreintes à la Bibliothèque royale de Paris, qui possède également une collection assez complète d'autographes de membres de la maison de Chabot, scellés des divers sceaux qu'employait chacun d'eux.

IL SE MARIA DEUX FOIS : SA PREMIÈRE FEMME FUT (1) Amicie de Châteaugontier (que d'autres appellent Emmette), fille de Jacques de Châteaugontier et d'Havoise de Montmorency, fille de Mathieu (IIe du nom), sire de Montmorency, connétable de France, et d'Emme de Laval. Elle épousa en premières noces et fort jeune, Geoffroy (IIIe du nom), seigneur de la Guerche, de Poancé, de Martigné, de Ferchaud et de Ségré; et en secondes noces, vers l'an 1261, Giraud ou Gérard Chabot (IIe du nom), baron de Retz, dont elle fut la première femme. Après le décès de son frère Renaud de Châteaugontier, mort jeune et sans enfans, elle hérita de toutes les terres de son père, et fut dame de Châteaugontier, de Nogent-le-Rotrou et Long-Villiers, de Montigny, de Mesle, de Maison-Mangis et Champagne-au-Maine, du chef de sa mère. Gérard Chabot, son mari, paya, en 1262, le rachat de Poancé, de Châteaugontier et de Ségré. Elle n'eut qu'une fille de son premier mari, appelée Jeanne de la Guerche, qui porta l'héritage de son père et de sa mère à son mari, Jean de Brienne, comte de Beaumont. Emmette de Châteaugontier fut au-

---

(1) Titres particuliers des archives de la maison, jadis conservés à Blain, à Jarnac, etc., et rapportés aussi par le père Anselme.

torisée par Gérard Chabot, son mari, en 1266, et mourut vers l'an 1270, sans enfans de son second mariage (1).

La seconde femme de Gérard Chabot (IIe du nom), baron de Retz fut : (2) Jeanne de Craon, fille de Maurice (V^e du nom), seigneur de Craon, sénéchal d'Anjou (3).

Jeanne de Craon, dont il est ici question, avait pour mère Isabeau de Lézignem ou Lusignan, dite de la Marche, laquelle était fille de Hugues X, dit le Brun, sire de Lézignem, comte de la Marche, et d'Isabeau, comtesse d'Angoulême, reine d'Angleterre, veuve de Jean (dit sans-Terre), roi d'Angleterre.

Elle fut mariée à Gérard Chabot, baron de Retz, en 1270, et mourut le 14 janvier 1299.

Ils eurent pour enfans : 1° Gérard Chabot (IIIe du nom), baron de Retz qui suit.

2° Guillaume Chabot (4), seigneur de la Motte-

---

(1) Cette maison de Châteaugontier était une branche des comtes souverains du Perche, de la maison des anciens comtes d'Alençon, seigneurs de Bellême.

(2) André Duchesne, etc., titres de famille.

(3) Cette maison de Craon était issue des anciens comtes de Nevers et d'Auxerre, et descendait des rois de France par le mariage de Renaud (Ier du nom), comte de Nevers et d'Auxerre, avec Adèle de France, fille aînée de Robert-le-Pieux, roi de France, fils de Hugues Capet. Ce fut leur fils puîné, Robert de Nevers, dit le Bourguignon, auquel Geoffroy Martel, comte d'Anjou, donna la baronnie de Craon en Anjou, confisquée sur Guérin de Craon, et leur postérité en prit le nom.

(4) Registres des arrêts de la cour. (*Voir* aux archives déposées à la Sainte-Chapelle, près le Palais-de-Justice, à Paris.)

Achard, de la Maurière, de Saint-Hilaire de Vaujoux, de Faleron de la Saussaye, mort en Sicile, où il avait été soutenir la querelle de la maison d'Anjou contre celle d'Aragon; il se maria deux fois.

Sa première femme fut Guillemette de Pressay, dont naquit :

Simon Chabot, qui, étant revenu en France, plaida long-temps contre les barons de Retz, qui s'étaient mis en possession des biens de son père; il donna quittance, le 16 janvier 1340, à Jean Chauvel, trésorier des guerres, de 15 liv., à lui ordonnées, pour ses services, par Guy de Nesle, maréchal de France. Son scel est en cire rouge, trois chabots et deux étoiles en chef; il mourut sans enfans.

Guillaume Chabot, son père, contracta une seconde alliance avec :

Marguerite de Bourneuf, fille de Jean de Bourneuf, puîné de la maison de Retz. Elle resta veuve sans enfans de Guillaume Chabot, et se remaria, par contrat du dimanche après la Saint-Denis, 1321, à Guy de Surgères (IIe du nom), seigneur de la Flocélière, dont elle fut la seconde femme.

Quelques généalogistes disent que Gérard Chabot (IIe du nom), baron de Retz, eut encore de Jeanne de Craon deux fils, l'un nommé Raoul Chabot, mort sans postérité en 1329, qui était cadet de Gérard III, baron de Retz et l'aîné de

Guillaume; l'autre, qui était le quatrième et dernier de ses fils, nommé Jean Chabot, auteur d'une branche rapportée par le père Anselme, dans son supplément de l'*Histoire de la maison de France*, tome IX, sous le nom de seigneur du Vivier de la Martinière, et comme branche du nom et armes de Chabot, dont on n'a point trouvé la jonction, et dont sont descendus les seigneurs de Moucé, près Vendôme, de Linière-au-Maine, près Alençon, et de Montimer-au-Perche, près Bellême. Cette branche, encore existante en 1802, prétendait (avec beaucoup de probabilité) que Jean Chabot, son premier auteur, avait été ignoré des généalogistes de la maison de Chabot, comme ayant quitté la Bretagne et s'étant établi au Maine, vers 1304.

X° DEGRÉ.

Gérard Chabot (III° du nom), surnommé le Benoist, baron de Retz, seigneur de Machecoul, de Falcron, plaidait, en 1332, contre Hugues l'archevêque, seigneur de Parthenay, conjointement avec sa femme, pour la part qu'elle prétendait à la succession de ses père et mère, et mourut peu après.

SA FEMME FUT (1) Marie de Parthenay (appelée mal à propos Clémence par quelques auteurs), fille de Guillaume, dit l'Archevêque, seigneur de Parthenay, de Vouvent, de Soubise, et de Jeanne de

---

(1) Registres des arrêts de la cour. (Archives de la Saint-Chapelle.)

Montfort, sa première femme (Montfort-le-Rotrou, au Maine) (1).

Ils eurent pour enfans : 1° Gérard Chabot (IVe du nom), baron de Retz, qui suit.

2° Jeanne Chabot, dite la Folle, pour s'être mariée, sans le consentement de ses parens, à Jean, seigneur de la Musse-Ponthus (2), à cause de quoi elle fut exhérédée en 1333. Depuis, elle épousa, étant veuve, Fouques de Laval-Montmorency, seigneur de Chaloyau, fils de Guy IX, seigneur de Laval, et de Béatrix de Gavre. Elle mourut en 1341.

XIe DEGRÉ.

Gérard Chabot (IVe du nom), baron de Retz, seigneur de la Mothe-Achard, de Machecoul, de Falcron, de Saint-Hilaire, de Vaujoux, d'Avrilly et autres lieux. Il s'allia, du vivant de son père, avec Catherine de Laval (Montmorency), sœur de Fouques de Laval ; elle eut en dot des rentes qui lui furent assurées par Rase et Jean de Laval, ses autres frères, comme fondés de pouvoir de Guy IX, seigneur de Laval, leur père. Il ne jouit pas long-

---

(1) Plusieurs auteurs font descendre par mâles cette illustre maison de Parthenay, des ducs de Guyenne, d'autres la font venir de la maison de Lusignan, mais faisant branche séparée, et déjà bien illustre avant l'an 1000.

(2) Ce n'est pas que Jean de la Musse, seigneur de Ponthus, ne fût un homme de bonne et ancienne maison de Bretagne, mais il n'était pas encore chevalier, il n'était que varlet servant, et ses parens d'ailleurs voulaient pour elle une alliance plus éclatante. (*Voyez* à ce sujet l'ouvrage du frère Augustin Dupaz sur les illustres maisons de Bretagne, à l'article des barons de Raiz ou Retz.)

temps des grand biens et seigneuries qu'il recueillit de la succession paternelle, car il mourut avant 1342, auquel temps Marie de Parthenay, sa mère, vivait encore. D'autres auteurs prétendent cependant qu'il ne mourut qu'en 1345, tué au siège de la Roche-de-Vieu, en Bretagne.

SA FEMME FUT (1) Catherine de Laval (Montmorency), mariée du vivant du père de son mari, fille de Guy IX, seigneur de Laval, de Vitré, d'Acquigny, comte de Cazertes, et de Béatrix de Gavre, dame d'Avrilly en Anjou (2).

ILS EURENT POUR FILS UNIQUE Gérard Chabot (V^e du nom), baron de Retz, qui suit.

XIIe DEGRÉ.

Gérard Chabot (V^e du nom), baron de Retz, de la Motte-Achard, de Falcron, de Fredefonds, de Machecoul, de Saint-Hilaire, de Vaujoux, etc., ne vivait plus en 1362.

IL ÉPOUSA (3) Philippe Bertrand, dame de Roucheville, fille aînée de Robert Bertrand, seigneur

---

(1) Généalogie des maisons de Chabot et de Montmorency.

(2) Guy IX était le quatrième descendant de Mathieu II, dit le Grand-Connétable de France, qui avait épousé en deuxièmes noces Emme, héritière de Laval, et dont les descendans ont formé la branche des Montmorency-Laval, tandis que ceux de son premier mariage avec Gertrude de Néelle, fille du comte de Soissons, ont continué la branche aînée. La maison de Laval, fondue dans celle de Montmorency par le mariage du connétable Mathieu, en 1221, avec l'héritière de la branche aînée, descendait, dit-on, en droite ligne de Montmorency. (M. Désormeaux, *Histoire de la maison de Montmorency*.)

(3) Arrêts du parlement.

de Briquebec, maréchal de France, et de Marie de Sully (Champagne), fille de Henri (IV° du nom), sire de Sully, et de Jeanne de Vendôme (1). Étant veuve elle plaidait, le 28 avril 1379, contre Thibaut Chabot (VII° du nom), seigneur de la Grève, etc., et vivait encore en 1384.

Ils eurent pour enfans : 1° Gérard Chabot (VI° du nom), baron de Retz, qui suit.

2° Jeanne Chabot, dite de Retz, qui hérita de son frère, plaidait en 1392 pour avoir restitution de ses terres, dont le duc de Bretagne s'était emparé, et qui même l'avait fait prisonnière. Elle avait épousé François de Chauvigny, baron de Retz à cause d'elle; mais n'en ayant point eu d'enfans, elle institua son héritier, en 1400, Guy de Laval (II° du nom), fils de Guy de Laval (I° du nom), seigneur de Chaloyau, et de Tiphaine de Husson, à condition qu'il prendrait le nom et les armes de Retz, et à son refus, Jean de Craon, petit-fils d'Eustache Chabot. Guy de Laval accepta le legs et la condition, et a été la tige de la branche de Montmorency-Laval, connue sous le nom de seigneurs de Retz. Jeanne Chabot de Retz mourut le 16 janvier 1406.

(1) La maison de Bertrand était de noblesse aussi ancienne qu'illustre, tant par les grandes charges qu'elle avait occupées, que par ses alliances avec les plus grandes maisons de France; et la maison de Sully était une branche cadette de celle des comtes souverains de Champagne, de Brie, de Blois, de Chartres, rois de Navarre, etc.

XIII.e DEGRÉ.

Gérard Chabot (VI.e du nom), baron de Retz, de Machecoul, de la Motte-Achard, de Falcron, de Frédefonds, comte de Sancerre, etc. (1), fut un des chevaliers les plus braves et les plus renommés de son temps. Il embrassa le parti du malheureux Charles de Blois, duc de Bretagne (2), contre le comte de Montfort. A la fameuse bataille d'Auray (donnée en 1364 le jour de St-Michel), il commandait l'arrière-garde de l'armée du premier de ces princes, et malgré les prodiges de sa valeur il succomba sous le nombre et fut fait prisonnier. Il contribua vaillamment au gain de la bataille de Navaret (le 3 avril 1357), où dom Pèdre reconquit le royaume de Castille sur Henri de Transtamare, son frère bâtard, qui l'avait détrôné, et qui était cependant puissamment secondé par le fameux connétable Bertrand du Guesclin, qui y fut fait prisonnier.

Ce fait de guerre est ainsi rapporté dans la vie de Bertrand du Guesclin par d'Auvigny (3).

« Le comte d'Aigues, à la tête des Aragonais,
« s'avance fièrement pour soutenir Henry de
« Transtamare ; il voulait par son courage et par
« la résolution des siens rétablir l'égalité du com-

---

(1) André Duchesne, Anselme, etc.

(2) Charles de Châtillon, de la maison de Châtillon-sur-Marne, comte de Blois et duc de Bretagne.

(3) *Vies des hommes illustres de France*, tome 8, page 240; *Vie de Bertrand du Guesclin*, par M. d'Auvigny.

« bat, et faire connaître qu'il avait eu raison de
« le désirer. Il commençait bien, et les troupes
« anglaises avaient déjà plié, lorsque Clisson et
« le sire de Retz vinrent tout-à-coup arrêter le
« cours de ses progrès. Ces deux capitaines bre-
« tons tombèrent ensuite sur dom Henry, déjà
« accablé sous le prince de Galles (le fameux
« prince Noir) et sous dom Pèdre. Ses soldats l'a-
« bandonnèrent alors tout-à-fait, à l'exception de
« quatre à cinq mille chevaux, et il se mit avec
« eux hors de la portée de l'ennemi. »

Gérard Chabot, sire de Retz, mourut peu de temps après. Il avait assigné, en 1362, le douaire de sa mère sur la terre de St-Hilaire de Vaujoux, qu'il échangea depuis pour celle du Coustumier avec Thibaut Chabot (VIIe du nom), seigneur de la Grève, ce qui causa un grand procès entre les deux branches, qui durait encore en 1381.

N'ayant point d'enfans, ses biens passèrent après sa mort à sa sœur, Jeanne Chabot, qui en jouissait en 1393; mais elle mourut aussi sans postérité, laissant tous ses biens à Guy de Laval, son neveu à la mode de Bretagne, à condition pour lui et sa postérité de prendre le nom et les armes de Retz. C'est de ce seigneur qu'est venue la branche de Raiz ou Retz (de la maison de Laval-Montmorency), laquelle branche s'est éteinte en 1474 dans la personne de Gilles, sire de Retz, maréchal de France, célèbre par ses richesses, ses folies et ses crimes.

Sa femme fut Marguerite de Champagne-Sancerre, comtesse de Sancerre (1), dame de Sagoune, de Mermande, de Charenton, de Meillant, de Faye-la-Vineuse, de St-Michel-sur-Loire, de Bois-Bigault au comté de Sancerre, etc., fille aînée et demeurée seule héritière de Jean (IIIe du nom), comte de Sancerre, d'une branche puînée des comtes palatins de Champagne, de Brie, de Blois, de Chartres, rois de Navarre plus anciennement, etc.; et de Marguerite, dame de Marmande en Anjou. En 1400 elle donna à l'abbaye de Nalhoueste, dite de Fénières, cent francs d'or pour prier Dieu pour le repos de l'âme de Gérard Chabot VI, baron de Retz, son premier mari.

Elle se maria quatre fois : 1° A Gérard Chabot, sire de Retz, dont elle n'eut pas d'enfans; 2° à Béraud (IIe du nom), comte de Clermont, dauphin d'Auvergne et seigneur de Mercoeur, à qui elle porta en dot les chatellenies de Tréves et de Rilly en Anjou; 3° à Jacques, seigneur de Montberon et de Maulévrier, maréchal de France, du consentement duquel elle transigea, le 2 novembre 1409, avec Beraud (IIIe du nom), dauphin d'Auvergne, son fils aîné; 4° à Jean (IIe du nom), dit Lourdain, seigneur de Saligny et de la Motte-St-Jean, connétable du royaume de Sicile. Elle mourut l'an 1419. De son second mariage elle eut, entre autres enfans, Béraud (IIIe du nom), comte de Clermont, dauphin d'Auvergne, mort

(1) Inventaire de Mercœur, fol. 109.

le 28 juillet 1426 ; Robert, dit Philippe, évêque de Chartres ; puis d'Alby, en 1499 (suivant Démochares); Marie, alliée à Guillaume de Vienne (IIe du nom), seigneur de St-Georges, et Marguerite Dauphine, femme de Jean (IIe du nom), sire de Bueil, maître des arbalétriers de France, d'où vint Jean (IIIe du nom), sire de Bueil et comte de Sancerre, amiral de France, duquel sont descendus les autres comtes de Sancerre.

§ II.

SEIGNEURS DE LA GRÈVE.

VIIIe DEGRÉ.

Sébran Chabot (IIIe du nom) (1), dit le Prud'homme, troisième fils de Thibaut Chabot IV, sire de la Roche-Servière, de la Grève, etc., et de N..... d'Oulmes, de la maison des ducs de Guyenne, comtes de Poitou, etc. (mentionnés ci-dessus page 45), eut en partage les terres de la Grève, de Larrières, des Granges, de Fontenay, d'Oulmes, de Vouvent, des Essarts, de St-Denis, de la Cherasse, et autres. Il fit hommage en 1269 (2) à Alphonse de France, comte de Poitiers, frère du roi saint Louis, du château d'Oulmes, du petit château de Vouvent, de l'île de St-Simon, etc. Il servit le roi Philippe III, dit le Hardi, en 1271 (3),

---

(1) André Duchesne, etc.
(2) Registres des fiefs de Poitou.
(3) Mémorial de la chambre des comptes.

contre Roger Bernard, comte de Foix, avec trois chevaliers et douze écuyers, quoiqu'il ne dût service qu'au comte de Poitou; il était mort en 1298.

Il épousa Jeanne de Montbazon, d'une des principales maisons de la province de Tourraine, fille d'Eble de Montbazon, chevalier (1).

Ils eurent pour enfans : 1° Sébran ou Sébrandin Chabot, qui suit.

2° Ocnor Chabot, mariée à Eble de Rochefort, seigneur de Faye, de Thyors, et d'Aubigné. Leurs enfans eurent à cause d'elle, de la succession de N..... d'Oulmes, leur aïeule, les terres d'Oulmes, des Essarts, de St-Denis, de la Chevasse, et autres, qui passèrent dans la maison de Vivonne.

IXe DEGRÉ.

Sébrandin ou Sébran Chabot, chevalier, seigneur de la Grève, du petit château de Larrières, des Granges et autres lieux (2).

Sa femme fut Marguerite de Rochefort, dame de Chantemesle « que je soupçonne (dit
« André Duchesne) être sœur d'Eble de Ro-
« chefort, à cause de quelques supplémens de

---

(1) D'Agnès de Montléon, de la maison de Montbazon, l'on remonte par divers degrés à celle de Chabot, par le mariage de Jean, seigneur de Montbazon, et d'Edette Chabot, fille d'Ithier Chabot, chevalier vivant en 1080, et de Guillemette de Mathas-Angoulême, qui descendait de Judicaël, roi de Bretagne, et de Proselle de Léon. (Voyez pag. 33 et 36.)

(Cette note est tirée de la directe imprimée de Louis, troisième duc de Rohan.)

(2) Registres des arrêts du parlement.

« partage demandés depuis, par les enfans issus
« d'eux, à Savart de Vivonne, seigneur de
« Thors, héritier d'Eble de Rochefort, comme
« on peut le voir dans la généalogie de Vi-
« vonne. »

Cette probabilité est devenue depuis une certitude sur le recouvrement de plusieurs titres. (Voyez entre autres, à ce sujet, la généalogie de la maison de Vivonne, dans le père Anselme.)

Ils eurent pour enfans (1) : 1° Thibaut Chabot (VI° du nom) qui suit.

2° Guillaume Chabot, seigneur de Chantemesle, Champagny Luçon, St-Gemme, Ste-Radégonde, de Mareis, etc., eut ordre, au mois de novembre 1318, de se rendre à Paris aux octaves de la Chandeleur, pour aller en guerre contre les Flamands. En 1321 il eut un procès contre Brideau de Chateaubriant, qui lui disputait les terres de Champigny et de Luçon que le seigneur de Belville lui avait léguées, et pour le même sujet contre le vicomte de Thouars et le sire de Clisson, à cause de sa femme. En 1330 et 1331 il en eut encore un plus considérable contre Thibaut Chabot (V° du nom), seigneur de la Grève, son neveu, dont il avait eu la garde et la tutelle pendant seize ans. Ce procès dura même longtemps après sa mort contre ses enfans.

(1) Ancien arrêt du parlement, rapporté par A. Duchesne, qui témoigne la naissance de trois fils et d'une fille, nés du mariage de Sébran Chabot, et de Marguerite de Rochefort, dame de Chantemesle.

Il épousa Jeanne de Pouverelle ou Poivreau, dame de Pressigny en Gastine, qui lui survécut, et demandait son douaire sur la terre de Chantemesle, en 1354.

Ils eurent pour enfans : 1° Louis Chabot, chevalier, seigneur de Chantemesle, etc., sur lequel les terres de Campigny et de Sainte-Gemme furent prises et vendues pour payer les dettes de son père, le dernier jour de mai 1350. Il donna quittance à Jean Chauvel, trésorier des guerres, de 27 liv., pour ses appointemens et ceux de cinq écuyers de sa compagnie, desservis et à desservir, sous M. de Craon, lieutenant du roi, ès-parties de Poitou, Saintonge, Limousin, Angoumois et Périgord. Elle est datée d'Angoulême, le 20 juin 1351, scellée en cire rouge, trois chabots et un écusson dans le milieu qui est effacé. Il en donna une autre le 27 suivant, avec le même sceau. Il servit en Poitou, en 1352, sous Charles d'Espagne, connétable de France, et, en 1356, sous Renaud de Gouillons.

2° Géheudin ou Guéhedun Chabot, chevalier, obtint rémission, en 1391, des violences qu'il avait commises contre les seigneurs de la Grève, ses cousins, pendant leurs procès, et se dit chargé de femme, et de six fils et trois filles.

Plusieurs prétendent qu'il eut un de ses fils nommé Tristan Chabot, seigneur de Précigny, qui épousa Jeanne de Rozay, d'où sont descendus les seigneurs de Thénic le Halay Bourdevert, le Parc-Soubize, etc., branche existante dans la personne de Charles-Auguste de Chabot, seigneur des dits lieux, et de ses enfans. Cette branche, qui n'a pas encore été reconnue authentiquement par l'aîné de sa maison, paraît cependant avoir prouvé sa jonction avec la tige, en 1789, suivant une attestation de Chérin, généalogiste des ordres du roi.

Guéhedun Chabot eut encore un autre fils nommé Louis, qui fut seigneur de Laleu, et qui a fait une branche reconnue en 1770 par M. le duc de Rohan-Chabot, chef du nom et armes de sa maison. Cette branche s'est éteinte dans la personne de Jean-Baptiste Chabot, nommé, en 1785, évêque, comte de Saint-Claude; et des deux filles de son frère, Louis-Pierre, vicomte Chabot, mort en . .., dont l'une, Marie-Agathe-Adélaïde-Jeanne Chabot, a été mariée par le duc et la duchesse de Rohan, le 22 avril 1787, à Joseph-Marie-Richard-Patrice de Wall, nommé le vicomte de Wall, d'une excellente famille irlandaise établie en France (1). Étant devenue veuve à la fin de la même année, elle se remaria à Nice, dans le comté de Nice, par les soins des mêmes duc et duchesse de Rohan, le 7 avril 1791, à Georges-François-Pierre, baron de Glaudèves, d'une des plus illustres maisons de Provence. Sa sœur ca-

(1) Le vicomte de Wall fut tué ou assassiné dans la forêt de Fontainebleau, où il avait été appelé en duel par une personne dont le nom est toujours resté inconnu au public.

dette, Anne-Constance de Chabot, fut mariée, par sa mère, au mois de juin 1789, à Charles-Louis le Bas de Clévant, marquis de Bouclan en Franche-Comté. Louis-Pierre, vicomte de Chabot, père de ces deux dames, est mort en...... Il avait épousé Agathe-Alexandrine le François des Courtils.

3° Sébran Chabot, compris dans la même rémission, étant prisonnier à Paris avec Géheudin, son frère, mort sans enfans.

4° Raoul Chabot se trouva avec Guillaume, son frère, seigneur de Chantemesle, au contrat de mariage de Guillaume Chabot, seigneur de la Motte-Achard, leur cousin (*voyez* page 32).

4° Almur ou Almurie Chabot, dont on n'a pas trouvé d'alliance.

Xᵉ DEGRÉ.

Thibaut Chabot (VIᵉ du nom) (1), chevalier, seigneur de la Grève, du petit château de Vouvent, de Larrière, de la Jardinière, de la Callière, de la Bogière, de Chabessaine, de Volvire, de Fontenaye, des Granges, qu'il obtint par transaction faite en 1301 et 1303, avec sa mère, de la succession de son père, etc.

Sa femme fut (2) Jeanne de Saint-Vincent, fille

---

(1) Le père Anselme l'appelle Thibaut Chabot Iᵉʳ, quoiqu'il ait eu cinq prédécesseurs, chefs de la branche aînée du nom de Thibaut, et André Duchesne le nomme Thibaut IV, on ne sait pourquoi. On a rectifié ici cette erreur.

(2) Registres de la Cour.

de N.... de Saint-Vincent, chevalier. Elle demeura veuve de Thibaut Chabot en 1327, et la même année obtint son douaire sur les terres de la Grève, de Larrière, en la châtellenie des Essarts, de la Jardinière, de la Callière, de la Bogière, sur les bois de Chabessaine, et la moitié des terres de Fontenaye, de Volvire et des Granges.

Cette maison de Saint-Vincent descendait en ligne masculine des anciens seigneurs de Talmont (1).

Ils eurent pour enfans : 1° Thibaut Chabot (VII° du nom), qui suit.

2° Marguerite Chabot,
3° Jeanne Chabot, } mortes sans alliances.

XI° DEGRÉ.

Thibaut Chabot (VII° du nom) (2), seigneur de la Grève, du petit château de Vouvent, de Larrière, de Fontenaye, des Granges, de la Jardinière, de la Callière, de la Bogière, de Chabessaine, de Volvire, etc., fut pendant seize ans sous la tutelle (3) de Guillaume Chabot, seigneur de Chantemesle, son oncle, contre lequel il eut depuis de grands procès, ainsi que contre sa veuve, Jeanne Pouverelle, et leurs enfans, Louis-Gé-

---

(1) André Duchesne, Anselme.
(2) Le père Anselme l'appelle Thibaut II, et André Duchesne, Thibaut V, par suite de l'erreur signalée ci-dessus.
(3) Registres et arrêts du parlement.

heudin et Sébran (environ vers l'an 1344), au sujet de la reddition du compte de sa tutelle ; et il obtint contre eux condamnation. Il mourut vers l'an 1355.

Sa femme fut N.... de Machecoul, dame de Coustumier, sœur de Louis de Machecoul, chevalier, et fille de Gérard de Machecoul (IIe du nom), chevalier, seigneur de Coustumier, de la Benaste de Bourgneuf, de l'Isle de Bouin, etc., et d'Aliénor de Thouars.

Cette maison de Machecoul était une branche cadette de celle de Retz (*voyez ci-après*).

Ils eurent pour enfans : Thibaut Chabot (VIIIe du nom), qui suit.

2° Guillaume Chabot, qui a fait la branche des seigneurs de la Turmelière et de Liré, mentionnés ci-après.

XIIe DEGRÉ.

Thibaut Chabot (VIIIe du nom), seigneur de la Grève, du petit château du Coustumier, de la Berrière, de la Joussinière, de la Lubière, de la Bossière, de Chantemesle, et autres lieux. Il échangea, au mois d'août 1370, (1) sa terre de Coustumier avec Gérard Chabot VI, baron de Retz, pour celle de Saint-Hilaire de Vaujoux, en Poitou (dont il rendit hommage au seigneur de

---

(1) Divers arrêts du parlement, entre autres un de 1377, au mois d'août. André Duchesne dit que ce fut au mois d'août 1370.

Craon, à cause de son château de Mareuil), et pour laquelle il eut procès contre la veuve du sire de Retz, Marguerite de Champagne, comtesse de Sancerre, épouse de Gérard Charles VI, baron et sire de Retz, et fut condamné par arrêt du 23 décembre 1381, à la rendre avec les fruits qu'il en avait levés. Il reprit, en 1377, le procès que son père avait eu contre les enfans de Guillaume Chabot, son grand-oncle, à raison de sa curatelle, et obtint la terre de Chantemesle, par un arrêt donné l'an 1377, dont parle André Duchesne. Il s'accorda (1), le 3 juillet 1385, avec Jean (V^e du nom), seigneur de Maure, son beau-frère, pour la succession des père et mère de sa femme (2).

IL ÉPOUSA Amicie de Maure, d'une des plus illustres maisons de Bretagne, fille de Jean (IVe du nom), sire de Maure, et d'Aliette de Rochefort, dame de Queillac ou Quehillac.

ILS EURENT POUR ENFANS : 1° Louis Chabot (Ier du nom), qui suit.

2° Marie Chabot, femme de Guy de Beaumont, seigneur de Bressuire.

XIIIe DEGRÉ.

Louis Chabot (Ier du nom), seigneur de la Grève, du château de Vouvent, de Chantemesle, et autres

---

(1) Titres du trésor d'Argenton.
(2) Généalogie de la maison de Maure.

lieux (1), hérita encore, par sa femme, des terres de Montcontour, de Marnes, de Monsoreau, de Colombiers, de Savonnières, de Jarnac sur Charente, de Précigny, de Verneuil et Ferrières, de Vaujours, de la Coustanières, etc., et mourut en 1422 (2).

Il épousa Marie de Craon, dame des terres ci-dessus nommées, fille de Guillaume, seigneur de Craon (IIe du nom), vicomte de Châteaudun, seigneur de Sainte-Maure, de Marcillac, etc., et de Jeanne de Montbazon, dame et héritière de Montbazon, de Montcontour, de Colombières, de Savonnières, et de plusieurs autres riches terres (3).

Ils eurent pour enfans : 1° Thibaut Chabot (IXe du nom), qui suit.

2° Renaud Chabot, tige des seigneurs et comtes de Jarnac, des ducs de Rohan, des seigneurs de Brion, comte de Charny, marquis de Mirebeau, etc. rapportés ci-après, page 79.

(1) Titres du trésor d'Argenton.
(2) André Duchesne, etc.
(3) André Duchesne dit que Marie de Craon avait été accordée en premières noces à Maurice de Mauvivet, chevalier, par contrat de l'an 1396; mais il mourut bientôt après, ou bien ce mariage n'eut pas d'effet. Cette maison de Craon (dont il est parlé ci-dessus, page 53) fondue depuis dans celle de Beauveau, était une des premières de France ; et beaucoup de souverains, de princes et de grands seigneurs de l'Europe, qui se font gloire d'en descendre, portent ses armes dans les quartiers de leur écusson. Marie de Craon, femme de Louis Chabot (Ier du nom), était petite-fille de Guillaume de Craon (Ier du nom), et de Marguerite, fille puînée de Jean de Flandres, vicomte de Châteaudun, dont la mère, Allix de Néelle, était fille d'Allis de Dreux, vicomtesse de Châteaudun, laquelle descendait en ligne directe de Louis VI, dit le Gros, roi de France, et d'Allis de Savoie.

3° Jean Chabot,
4° Anne Chabot, sa sœur, } morts sans alliances.

XIVe DEGRÉ.

Thibaut Chabot (IXe du nom), seigneur de la Grève, de Chantemesle, du Petit-Château (1), obtint encore du chef de sa mère les terres de Montcontour, de Marnes, de Ferrières, de Verneuil, de Précigny, de Colombiers, de Savonnières, de Monsoreau, etc. Il eut pour gouverneur et administrateur de ses affaires, Jean l'Orson, prieur d'Angles aux Chanoines. Il avait le bail (2) de ses frères et sœurs en 1427, et il fut tué en soutenant la cause de son pays et de son roi, à la journée des Harengs, contre les Anglais, en 1429, pendant le fameux siége d'Orléans.

Ce combat, où le duc de Bourbon fut défait en voulant s'emparer d'un convoi qui venait au camp des Anglais, devant Orléans, dont ils faisaient le siége, fut appelé la journée des Harengs, parce que dans le convoi il y avait une grande quantité de caques de ce poisson.

Il eut pour femme Brunissande d'Argenton, héritière de l'ancienne et noble famille d'Argenton, en Poitou. Elle épousa Thibaut Chabot, par

---

(1) André Duchesne, Anselme, etc.

(2) Il avait le bail de ses frères et sœurs, c'est-à-dire que leurs partages n'étaient pas faits, qu'il jouissait de la gestion de tous les biens, sur lesquels il leur payait annuellement leur part.

contrat du 21 juin 1422. Elle était fille aînée et héritière (dit André Duchesne) de Guillaume, seigneur d'Argenton, et de Jeanne de Naillac.

Ils eurent pour enfans : 1° Louis Chabot (IIe du nom), qui suit.

2° Catherine Chabot, mariée par contrat passé à Saumur, le 6 mars 1445, à Charles de Châtillon-sur-Marne, seigneur de Sourvilliers, de Marigny, de Bouville et Farcheville, fils de Charles de Châtillon, seigneur des mêmes terres, et de Marie des Essarts, qui elle-même était fille aînée d'Isabelle de Vendôme (1).

« Entre autres choses (dit André Duchesne),
« elle eut en mariage la somme de deux mille six
« cents écus d'or au coin du roi Charles VII,
« ayant cours pour vingt-deux sols parisis pièce,
« etc. »

Sa postérité hérita dans la suite de tous les biens de sa branche, son neveu, René Chabot, et ses deux nièces, Marie et Madeleine, étant morts sans enfans. Catherine Chabot mourut en 1466.

3° Jeanne Chabot épousa par contrat du 17 mars 1445 Jean de Chambes, premier maître d'hôtel du roi, qui acquit la terre de Montsoreau de son beau-frère; son contrat de mariage fut passé en présence de Prégent de Coitivi, amiral

---

(1) Cette illustre maison de Châtillon-sur-Marne a produit un pape, un saint, des vidames de Reims, des comtes de Saint-Paul, de Dunois, de Soissons, de Guise, de Penthièvre, et un duc souverain de Bretagne (Charles de Blois), des comtes de Périgord, vicomtes de Limoges, seigneurs de Mayence, d'Avaugour, etc.

de France, de Perceval Chabot, seigneur de Gonnor, et autres seigneurs. Elle était première dame d'honneur de la reine Charlotte de Savoie, deuxième femme de Louis XI, en 1473 et les années suivantes, avec deux mille francs de pension ; elle en donna quittance de demi-année, le 1ᵉʳ juin 1478, à Guillaume de Nève, trésorier et receveur général des finances en Languedoc, où se voit son sceau en cire rouge sur queue de parchemin, où il paraît encore en partie. Au premier, un lion couronné ; au deuxième, trois chabots ; pour légende : *Scel.... Jehanne... Dame.... de Montsoreau.* Elle reconnut avec Jehan, son fils, le 26 septembre 1493, avoir reçu d'Antoine Bayart, receveur général des finances de Languedoc, trois milles livres en déduction de trente-sept mille sept cents livres à eux dues par composition faite en récompense des biens meubles de Colette de Chambes, femme du vicomte de Thouars, dont ils étaient héritiers.

XVᵉ DEGRÉ.

Louis Chabot (IIᵉ du nom), chevalier, seigneur de la Grève, de Montcontour, de Colombières, de Savonnière, du petit château de Vouvent, de Précigny, de Verneuil, de Ferrières et autres lieux, membre du conseil d'état et privé, et chambellan du roi, n'avait que quatre ou cinq ans lorsque son père mourut ; il fut sous la garde de Brunissande d'Argenton, sa mère, qui, en cette qualité, rendit foi et hommage lige au roi Charles VII pour les châteaux et baronnies de Précigny, et la châtellenie de Ferrières, tenus nuement de lui, à cause de son château de Chinon, le 8 juin 1433. A l'âge de quatorze ans, on lui donna pour tuteur Guillaume, seigneur d'Argenton, son oncle maternel, qui, pendant le temps de sa tutelle, aliéna plusieurs belles terres de son pupille; car il vendit Précigny à Bertrand de Beauvau, Verneuil à Jean d'Oiron, seigneur de la Durandière, Ferrières et autres domaines à diverses autres personnes. « L'an 1440 (dit André Duchesne), Charles, duc d'Orléans et de Valois, neveu du roi Charles VI et père de Louis XII, conféra au même Louis Chabot son ordre du Camail où pendait le porc-épic, à cause de sa vaillance en prud'hommie. » Il servit vaillamment le roi Charles VII à la conquête de la Guyenne en 1451. « Et pour ce que Guillaume d'Argenton, « son tuteur, était mort sans lui rendre aucun « compte (dit toujours André Duchesne), à son « retour de Guyenne il mit en procès Antoine « d'Argenton, fils et héritier universel d'icelui, « qui, par transaction passée le vingt-septième « jour de juillet l'an 1460, lui céda la baronnie « d'Argenton avec les châtellenies des Mottes, de « Coppoux et Brisson, Villantrois, Gourgé Lai« rigodeau, le Buignon en Gastine, Souvigny, « Vauzelle, la Carrie, la Vacheresse, et généra-

« lement tous ses biens, pour demeurer quitte
« vers lui de l'aliénation de ses propres faits par
« feu Guillaume d'Argenton. »

Le roi Louis XI, considérant les mérites du même Louis Chabot (1), l'honora aussi de l'office de conseiller et de chambellan de sa majesté, par lettre du sixième jour d'avril l'an 1464. Il assista, en 1468, aux états-généraux tenus à Tours, sous le titre de seigneur de la Grève, et commanda le ban et l'arrière-ban de la noblesse de Poitou ès années 1472 et 1475 (2). Il avait fait son testament à Charroux, le cinquième jour de mai, l'an 1453, avant de partir pour la conquête de la Guyenne, et mourut en 1488.

SA FEMME FUT Jeanne de Courcillon, mariée le 3 juin 1444, fille de Guillaume de Courcillon, chevalier, seigneur de Montléon et de Tilloy, conseiller et chambellan du roi, bailli et capitaine de Chartres, et de Thoumine de l'Espine, son épouse.

Jeanne de Courcillon apporta en dot à son mari six mille écus d'or, et elle fut avantagée par lui de quatre cents livres de rentes sur la terre de Chantemesle. Elle testa du consentement de son mari, le 26 août 1472.

ILS EURENT POUR ENFANS : 1° René Chabot, seigneur de la Grève, mort en juillet 1469, sans postérité. Jeanne Chabot, dame de Montsoreau,

---

(1) Du Tillet, Traité du rang des grands.
(2) Voyez la note 1, page 13, sur le ban et l'arrière-ban.

sa tante, se porta son héritière. (*Voyez* page 74.)

2° Marie Chabot, recommandée par le testament de son père à Brunissande d'Argenton, sa grand'mère, à Renaud Chabot, seigneur de Jarnac et d'Aspremont, son grand-oncle, et à Jean de Chambes, seigneur de Montsoreau, son oncle.

3° Magdeleine Chabot, mariée le 4 janvier 1469 à Navarin d'Anglade, chevalier, conseiller et chambellan du roi (Louis XI), dont il était aussi le favori, capitaine de Mauléon, etc.; mais ni elle ni sa sœur mariée n'eurent d'enfans, et après leur décès les grands biens de cette maison passèrent dans la maison de Châtillon-sur-Marne, par Catherine Chabot, leur tante, femme de Charles de Châtillon (1).

Selon quelques mémoires, Louis Chabot (II° du nom) contracta une seconde alliance avec Hesserine Chapperon, dont il n'eut pas d'enfans.

(1) André Duchesne, le père Anselme, Moréri, etc.

§ III.

SEIGNEURS, BARONS

Et Comtes de Jarnac.

XIVe DEGRÉ.

Renaud Chabot (Ier du nom), chevalier, seigneur et baron de Jarnac, seigneur d'Aspremont, de Clervaux, de Chantemesle, de Thouers, des Touches en Anjou, de Gallardon, Boussay St-Romain, St-Gilles, Molinens, Précigny et autres lieux, était second fils de Louis Chabot (Ier du nom), seigneur de la Grève, etc., et de Marie de Craon (mentionnés ci-dessus, pages 71 et 72). Il eut en partage la terre de Jarnac-sur-Charente, fut membre du conseil d'état et privé du roi et son chambellan; commanda en chef les troupes royales en Saintonge, contre les Anglais; eut un long différent contre les seigneurs de la Tour-Landry, au sujet de la justice de la terre de Clervaux.

Il fit son testament le 21 avril 1471, et mourut l'an 1476 (1). Il se maria deux fois.

Sa première femme fut Françoise de Larochefoucauld, veuve de Gilles d'Appelvoisin, seigneur de la Guiroire, et fille de Guy de Larochefoucauld, seigneur de Barbezieux, et de Rosine de Montault, dame de Verteuil.

Ils eurent pour enfans : 1° Marguerite Chabot, qui était sous la tutelle de son père en 1440.

2° Agnès Chabot, mariée à Guy-Chenin, seigneur de l'île Bapaume.

Sa deuxième femme fut Isabeau de Roche-Chouart, fille et héritière de Jean Roche-Chouart, seigneur d'Aspremont, de Brion, de la Gossetière, etc., et de Jeanne de la Tour-Landry, dame de Clervaux, Galardon, Baucay, etc. (2).

Elle fit son testament le 23 août 1473, et fut enterrée dans l'église de Saint-Martin d'Aspremont, auprès de ses père et mère.

Ils eurent pour enfans : 1° Louis Chabot, baron de Jarnac, seigneur de Brion, d'Aspremont, de Clervaux, de Boussay, de Mastoz, etc., mort

---

(1) André Duchesne, titres domestiques et arrêts de la Cour.

(2) Isabeau de Roche-Chouart, dont la maison, venue par mâles des vicomtes de Limoges par Emery (Ier du nom), surnommé Ostofrancus, cinquième fils de Giraud, vicomte de Limoges, et de Rothilde, sa femme), descendait entre autres d'Emar, vicomte de Limoges, mari de Sarra d'Angleterre, nièce de Mahaud, duchesse de Bretagne, et arrière-petite-fille de Guillaume-le-Conquérant, duc de Normandie, roi d'Angleterre, et de Mahaud Ier de Flandres; cet Emery, (Ier du nom), cinquième fils de Giraud, vicomte de Limoges, fut le premier vicomte de Roche-Chouart, dont il prit le nom qu'il transmit à sa postérité.

en 1491, sans avoir eu d'enfans. Il est enterré dans l'église de Saint-Pierre de Jarnac, dans la chapelle où reposent ses père et mère.

Il avait épousé Jeanne de Montberon, veuve de don Martin Henriques de Castille, et fille de François (IIe du nom), sire de Montberon, seigneur de Mastoz, vicomte d'Aulnay, et de Jeanne de Vendôme. Elle épousa Louis Chabot par contrat signé le 1er avril 1466. Louis Chabot fit son testament le 27 juillet 1491, et, après sa mort, sa veuve se remaria en troisièmes noces à Louis l'Archevêque de Parthenay, seigneur de Soubise.

2° Antoine Chabot, chevalier de Rhodes (ordre de Saint-Jean-de-Jérusalem, depuis nommé l'ordre de Malte), et grand-prieur de France. André Thevet, premier cosmographe du roi Henry II, dit en parlant de lui : « Antoine Chabot, chevalier « de Saint-Jean de Rhodes et grand-prieur de « France, les armoiries duquel j'ai vues taillées « en pierre contre une maison à Rhodes, lorsque « j'y demeurais. »

Il mourut le 6 novembre 1507.

3° François Chabot, seigneur et baron de Jarnac après son frère aîné, était abbé commandataire de Chastres et de Baignes (1), chanoine de Saintes, protonotaire du Saint-Siége. Il assura son droit d'aînesse par son testament, le 22 juin

---

(1) André Duchesne écrit abbé de Castres et de Beine.

1490; à Jacques, son frère puîné. Il mourut en 1493.

4° Jacques Chabot, seigneur et baron de Jarnac, d'Apremont et de Briou, qui suit.

5° Robert Chabot, seigneur de Clervaux, baron d'Aspremont, seigneur de Bouloire (châtellenie dans le Maine) et de celles de Maisoncelles et d'Escorpain, par son mariage avec Antoinette d'Illiers, fille de Jean, seigneur d'Illiers, et de Marguerite de Chourses. Elle se remaria, le 22 octobre 1518, avec Hardouin de Maillé, dont elle resta veuve, le 25 janvier 1524. C'est à elle que Jean du Bouchet, poète du temps, adressa une lettre en vers, que l'on trouve parmi ses ouvrages.

Robert Chabot eut pour enfans : 1ment. Paul Chabot, seigneur de Clervaux, chevalier de l'ordre du roi (chevalier de Saint-Michel), capitaine de cinquante hommes d'armes (1), qui mourut après

---

(1) L'homme d'armes était, dans l'ancienne gendarmerie, un gentilhomme qui combattait à cheval, armé de toutes pièces (*cataphractus eques*). Chaque homme d'armes était accompagné de cinq personnes, savoir : trois archers à pied, un coutelier ou un écuyer, ainsi appelé d'une espèce de couteau ou baïonnette qu'il portait, et enfin d'un page, ou valet à cheval. Le nombre d'hommes qui était attaché à l'homme d'armes, ou qui composait la hanse, (comme on disait alors) n'était pas toujours le même ; Louis XII, dans une ordonnance de 1498, met sept hommes par une lance fournie ; François Ier en met huit, selon une ordonnance du 28 juin 1526. Les archers de ces hommes d'armes étaient de jeunes gentilshommes qui commençaient le métier de la guerre, et qui, par la suite, parvenaient à remplir les places des hommes d'armes. Il paraît que sous le règne d'Henri II on avait encore joint à ces compagnies d'hommes d'armes des arquebusiers à cheval. On trouve entre autres dans les mémoires de la vie du maréchal de Vieilleville, tome 4, page 108, édit. 1757, l'article suivant : « Il avait laissé à M. de Va-

l'an 1569, sans enfans de sa femme Jacqueline de Montigny, dame de Fresne en Vendômois, fille de Jacques de Montigny, seigneur de Fresne, du Plaissis en Vendômois et d'Anfaine, et de Léonore de Ferrières, qu'il avait épousée par contrat du 12 octobre 1537. (Règne de François Ier.) 2^{ment}. Anne Chabot, dame des châtellenies de Bouloire, de Maisoncelles et d'Escorpain, qu'elle porta en mariage à Jean, seigneur de la Tour-Landry, fils d'Hardouin de Maillé, dit de la Tour-Landry, baron de Château-Roux, etc., et de Françoise de la Tour. 3^{ment}. Isabeau Chabot, mariée en

« pancourt trois compagnies de vieilles bandes françaises pour la garde de
« la ville, et les cinquante arquebusiers à cheval de sa compagnie, des-
« quels était capitaine Chesnage de Craonvis, surnommé l'Allier, fort
« vaillant homme ; car en ce temps-là, à chaque compagnie de gendarmes,
« il y avait cinquante arquebusiers à cheval, qui servaient à faire des dé-
« couvertes et escarmouches çà et là, et les appelait-on argoulets. » Ce fut Charles VII qui, en 1445, établit les compagnies d'ordonnances d'hommes d'armes. Ce corps de troupes réglé, permanent, soudoyé en paix comme en guerre, et qui n'était composé que de gentilshommes, produisit un changement entier dans la milice française; le droit féodal n'eut plus lieu à l'égard du service militaire, c'est-à-dire que les seigneurs et les vassaux n'y furent plus obligés, excepté dans les cas extraordinaires de convocation de l'arrière-ban; cependant on continuait toujours de donner l'accolade et de faire des chevaliers avant et après les batailles, mais ce n'était plus qu'une simple cérémonie, un vain souvenir de l'ancienne chevalerie; elle n'existait plus que de nom, après avoir fait pendant cinq cents ans la force de nos armées. Jusqu'alors on n'avait imposé la taille que pour un temps, et dans les besoins pressans de l'état; ce fut pour soudoyer ces compagnies d'hommes d'armes qu'on la rendit annuelle et perpétuelle. Dans ce temps-là (c'est-à-dire depuis Charles VII jusqu'à Henri IV), le grade de capitaine de cinquante ou de cent hommes d'armes des ordonnances était le plus éminent dans les armées, et même sous Henri IV, le titre de maréchal-de-camp, s'il en est quelquefois parlé, n'était qu'une commission dont le rang et les fonctions cessaient avec la campagne.

premières noces à Charles de Vivonne, seigneur baron de la Chasteigneraye, fils d'André de Vivonne, seigneur de la Chasteigneraye, et de Louise de Daillon du Lude; et en secondes noces, à Jacques Turpin, seigneur de Crissé.

6° Marguerite Chabot, alliée à Pierre de Reillac, chevalier, vicomte de Mérinville et de Brigueil.

7° Françoise Chabot épousa, par contrat du 19 mai 1456, Renaud de Sainte-Maure, seigneur de Jouzac, fils d'Arnaud de Sainte-Maure, seigneur de Montauzier, et de Perette Marchand, dame de Marcilly.

8° Jeanne Chabot, alliée, par traité du 21 janvier 1466, à N.-H. Périchon de Saint-Julien, écuyer, seigneur de Saint-Vaury, fils de feu N.-H. Périchon de Saint-Julien, seigneur de Luzeret, de Saint-Vauvy, et de N. Jeanne de Pierre-Buffière.

9° Philippe ou Philippine Chabot, mariée, par contrat du 20 janvier 1469, à Antoine de Clerambault, seigneur de Maurepast, de la Machefolière en Anjou, et de la Plesse, fils de Gilles Clerambault, seigneur du Plessis-Clerambault, et de Jeanne Sauvage.

XVe DEGRÉ.

Jacques Chabot, baron de Jarnac, seigneur d'Aspremont, de Brion et autres terres (1), fut

---

(1) Arrêts du parlement; titres de familles, etc. (Règne de Charles VIII.)

fait chambellan et conseiller du conseil d'état et privé du roi, le 22 septembre 1485. Il épousa, le 15 septembre de la même année, Madeleine de Luxembourg, fille de Thibaut de Luxembourg, vicomte de Fiennes, et de Philippe ou Philippine de Melun, dame de Sottenghen. Elle était nièce de Catherine de Luxembourg, duchesse de Bretagne, femme d'Artus II, duc de Bretagne, qui la maria et lui fit des dons considérables (1).

Jacques Chabot fit un testament conjointement avec sa femme, Madeleine de Luxembourg, en date du 2 mars 1491, et un codicile du 20 mai 1495.

Sa femme fut Madeleine de Luxembourg, fille de Thibaut de Luxembourg, vicomte de Fiennes, et de Philippe ou Philippine de Melun, d'une des premières maisons du royaume (2).

(1) Jacques Chabot contractait une alliance des plus illustres; sa femme était princesse d'une maison souveraine qui a donné cinq empereurs à l'Allemagne, des rois à la Hongrie et à la Bohême, une impératrice d'Occident, des reines à la France et à tous les trônes de l'Europe, quinze souverains aux duchés de Limbourg et de Luxembourg, des ducs souverains de Silésie et de Galicie, des marquis de Moravie, de Brandebourg et de Luzace, des évêques, des prélats, quantité de grands hommes à l'Empire et à la France, où cette maison a possédé plusieurs duchés-pairies, comtés, vicomtés et grandes seigneuries, ainsi que plusieurs grandes charges de la couronne, comme celles de connétable, de colonel-général de l'infanterie, de grands chambellans, de grands bouteillers, nombre de chevaliers des ordres, etc. Toutes les grandes maisons de l'Europe, et même des souverains, cherchent à justifier qu'elles en descendent.

(2) Thibaut était fils de Pierre de Luxembourg, comte de Saint-Paul, de Conversaur (au royaume de Naples), de Brienne, seigneur d'Enghein, de Beauvoir, de Richebourg, de Siames, et châtelain de Lille, chevalier de la Toison-d'Or, et de Marguerite de Baux, sa femme, issue d'une maison

Ils eurent pour enfans : 1° Charles Chabot, (Ier du nom), baron de Jarnac, qui suit.

2° Philippe Chabot, seigneur de Brion, amiral de France, qui a fait la branche des seigneurs comtes de Charny et de Buzançois, et des marquis de Mirebeau. (Mentionné ci-après.)

3° Catherine Chabot, mariée à Bertrand d'Estissac.

XVIe DEGRÉ.

Charles Chabot (Ier du nom), baron et seigneur de Jarnac, seigneur de Saint-Aulaye, de Montlieu, etc., rendit de grands services au roi François Ier, qui le fit gentilhomme ordinaire de sa chambre, chevalier de son ordre (1), capitaine de cinquante hommes d'armes de ses ordonnances, gouverneur de la Rochelle et du pays d'Aunis, vice-amiral de Guyenne en 1544, maire perpétuel

---

qui a donné des rois d'Arles et des princes souverains d'Orange. Elle était fille de François de Baux, duc d'Andrie, et de Marguerite des Ursins, maison descendant par les femmes de smaisons d'Autriche ancien, de Bavière, et de celle de Lothaire II, empereur, comte de Supplenbourg, et de Rixe, princesse de la maison de Northein. Après la mort de sa femme, Thibaut de Luxembourg se fit ecclésiastique, eut les abbayes d'Igui, d'Orcamp, et fut élu évêque du Mans après Martin Berruyer ; il avait été désigné cardinal par le pape Sixte IV, et se disposait au voyage d'Italie lorsqu'il mourut. — Madeleine de Luxembourg descendait encore en droite ligne, au cinquième degré, de Jean de Luxembourg, châtelain de Lille, etc., et d'Alin de Flandre, dame de Richebourg, fille unique de Guy de Flandre, et de Marie d'Enghein, dame de Sotenghein ; ce qui faisait qu'elle portait, ainsi que son père, un cartel de *Flandre* dans ses armes, et un cartel de *Baux*.

(1) De l'ordre de Saint-Michel, pour lors dans sa splendeur, et le premier ordre de France ; il ne pouvait y avoir que tente-six chevaliers, et ce nombre n'était jamais rempli.

et gouverneur de Bordeaux, par la démission de son frère Philippe en 1531, gouverneur du château de Ha, etc. Ce fut à lui et à son frère Philippe (grand-amiral de France) que le cardinal de Luxembourg, leur oncle (1), fit une donation de ses droits et prétentions sur le royaume de Naples, et sur plusieurs terres et seigneuries situées en France, le tout dépendant des successions de Bourbon, la Marche et Armagnac. Il avait 500 liv. par an comme gouverneur de la Rochelle, et 300 liv. comme capitaine, suivant une quittance de lui, du 4 mars 1532. Le roi Henri II lui fit don de quelques bois, le 13 avril 1556. Il se maria deux fois.

Sa première femme fut Jeanne de Saint-Gelais, dame de Sainte-Aulaye et Montlieu, mariée en 1506, avec charge expresse, pour son mari et sa postérité, d'unir le nom et les armes de Saint-Gelais aux nom et armes de Chabot, sinon d'être privé de la succession des terres de Montlieu et de Sainte-Aulaye, qui alors devaient passer aux plus proches parens du nom de Saint-Gelais.

Elle était fille unique et héritière de Jean de Saint-Gelais, seigneur de Montlieu, etc., d'une branche puînée de la maison de Lusignan, et de Marguerite de Durfort-Duras (2).

---

(1) Philippe de Luxembourg, cardinal, évêque d'Arras par la résiliation de Philippe de Melun, son oncle et son parrain, puis évêque de Tevouane. (Mém. W., fol. 265.)

(2) Marguerite de Durfort, née en Angleterre, fille de Galhard de Dur-

Jeanne de Saint-Gelais fit son testament le 29 janvier 1516, et fut enterrée à Jarnac, dans la paroisse.

Ils eurent pour enfans : 1° Louis Chabot de Saint-Gelais, (IIIe du nom), qui fut à la conquête de Naples, avec Odet de Foix, seigneur de Lautrec, en 1528, et y mourut sans avoir de postérité.

2° Guy Chabot de Saint-Gelais, baron de Jarnac, qui suit.

3° Françoise Chabot de Saint-Gelais.

4° Philippe Chabot de Saint-Gelais.

La seconde femme de Charles Chabot, baron de Jarnac, fut Madeleine de Puyguyon, fille de Jacques, seigneur de Puyguyon, et de Marguerite Amenard, dont il eut :

Enfans du second lit : 1° Charles Chabot, seigneur de Sainte-Foy, guidon de la compagnie de cinquante lances des ordonnances de Guy Chabot, son frère du premier lit; le 13 septembre 1544 il donna quittance à Guy de la Maladière de 50 francs pour le quartier de janvier 1543 *de son état*, outre sa place d'homme d'armes. Son sceau porte trois chabots. Il était lieutenant de

---

fort, seigneur de Duras, chevalier de la Jarretière, et d'Anne de Suffolck, fille du duc de Suffolck. Elle avait épousé Jean de Saint-Gelais, seigneur de Montlieu et de Sainte-Aulaye en Saintonge, le 9 février 1481. — Jeanne de Saint-Gelais descendait entre autres, par la maison de Lusignan, de Thibaut, comte de Champagne, de Brie et de Blois, mari de Hiendegarde de Vermandois, arrière-petite-fille de Louis-le-Débonnaire, empereur et roi de France, et d'Ermangarde de Hasbin, du chef de sa mère et de celui de son père au quatrième degré, de Bernard, roi d'Italie, et de Berthe de Moselane.

quarante lances des ordonnances sous le même Guy son frère, le 19 avril 1547, jour auquel il donna une autre quittance à Nicolas de Troyes, trésorier des guerres, de 45 francs 13 sous, pour deux mois et six jours de son état de lieutenant des quartiers d'avril et de juillet 1546, à 250 francs par an. Il était encore lieutenant d'une compagnie de trente lances des ordonnances sous le prince de Condé en 1561, et le 7 juillet il reconnaît avoir reçu de François de Racouis, trésorier des guerres, 162 francs 10 sous pour son état du quartier d'avril de la même année. Son sceau à cette quittance aussi bien qu'à la précédente, est écartelé, au premier et quatre, trois chabots posés deux et un, au deux et trois, une tête de cheval qui est de Puyguyon. Il était mort en 1573.

IL AVAIT ÉPOUSÉ Françoise Joubert, fille de François Joubert, seigneur de Lancret, qui étant veuve de lui, se remaria à Jean de Ferrières, vidame de Chartres.

ILS EURENT POUR ENFANS : 1° Esther Chabot, dame d'Andilly le marais du Breuil, d'Aguré et en partie de Jarnac, mariée à Charles de Fonséques, baron de Surgères, fils de Réné de Fonséques, baron de Surgères, et d'Anne de Cossé ;

2° Jeanne Chabot, mariée le 16 mars 1551 à François de Pierre-Buffière, vicomte de Châteauneuf en Limosin, seigneur de Combert, Treignac, Thearbon, etc.

XVIIᵉ DEGRÉ.

Guy Chabot de Saint-Gelais (Iᵉʳ du nom), que le roi François Iᵉʳ appelait Guichot, dit Lacolombière, à cause de la particulière affection qu'il lui portait, baron de Jarnac, seigneur de Montlieu, Sainte-Aulaye, Longchamp, connu d'abord sous le nom de seigneur de Montlieu, chevalier de l'ordre du roi (1), premier gentilhomme de sa chambre, capitaine de quatre-vingts lances des ordon-

(1) Il fut fait chevalier de l'ordre de Saint-Michel par le roi François II, au chapitre tenu à Poissy le jour de Saint-Michel, 1560. Il était pour lors absent pour le service du roi. — A cette époque on commençait à murmurer contre la quantité de chevaliers de cet ordre, naguère si fameux, et dont le nombre (qui n'était presque jamais rempli) était fixé à trente-six.— Michel de Castellenau, dans ses mémoires, édit. in-fol., tome 1ᵉʳ, page 365, dit, au sujet de la promotion dans laquelle Guy Chabot fut compris : «Les « dix-huit chevaliers de l'ordre faits par le roi Henri II, et à propos de la « création desquels on témoigna du mécontentement, étaient, comme j'ai « dit, tous gentilshommes de grande condition, et il n'y aurait eu rien à dire « si on avait eu même considération dans la suite des temps.»—Trois pages plus loin, il dit encore au même sujet : «Tous ces chevaliers étaient si « considérables pour la naissance et pour le mérite, qu'il y aurait lieu de « s'étonner qu'on eût trouvé à redire à leur création, sinon que le nombre « en fut trop grand, et qu'on jugea que cela apporterait quelque dé- « sordre pour l'avenir, à cause de la conséquence de passer le nombre « limité, qui était de trente-six.»— Par la suite le nombre en augmenta encore, et les choix furent moins bons. « Le connétable Anne de Montmo- « rency frémissait d'indignation de voir cet ordre, dont il était le doyen, « autrefois si illustre, si respecté, composé seulement de trente-six cheva- « liers, ainsi profané et avili; il faisait retentir la capitale des plaintes les plus « amères. Eh! quels honneurs, disait-il, pourra-t-on désormais accorder « aux princes et aux généraux, si, sans égard à la naissance, aux services et « aux talents militaires, on prodigue au gré de ceux qui gouvernent la ré- « compense la plus glorieuse de la vertu? » (Désormeaux, *Histoire de Montmorency*.

nances et de cinquante hommes d'armes, gouverneur et lieutenant général pour le roi, de la ville de la Rochelle et du pays d'Aunis, maire perpétuel de Bordeaux, gouverneur du château de Ha, etc. Il fut d'abord guidon de la compagnie de monsieur l'amiral (Philippe Chabot, dit de Brion); il était capitaine de quatre-vingts lances des ordonnances le 17 janvier 1539, qu'il donna quittance à Girard Saque, payeur de sa compagnie, de 200 francs pour les quartiers d'octobre et de janvier 1538, pour son état de guidon, outre sa place d'homme d'armes, laquelle quittance est scellée de son sceau, *trois chabots* posés deux et un. Il se fit autant renommer (dit André Duchesne) par le combat entrepris contre François de Vivonne de la Chastaigneraye, seigneur d'Ardelay, en présence du roi Henri II, comme par les grandes charges qu'il exerça depuis sous le roi Charles IX.

Ce fameux et mémorable combat à outrance eut lieu le 10 juillet 1547 dans le parc de Saint-Germain-en-Laye, en face du château, où le roi avait fait dresser des lices après avoir octroyé le combat, auquel il assista avec toute sa cour. Ce différent avait été occasioné par le rapport d'un propos que l'on accusait Jarnac (alors nommé le seigneur de Montlieu) d'avoir tenu contre l'honneur de Madeleine de Puyguyon, sa belle-mère, seconde femme de son père. Jarnac nia hautement ce prétendu fait, et dit que celui qui avait répandu « pareille calomnie *était méchant et malheureux*

« *et en avait menti.* » Sur quoi la Chasteigneraye s'étant déclaré l'auteur du rapport, les démentis furent donnés de part et d'autre par écrit et le champ de bataille demandé au roi François Ier pour vider cette querelle, ce qu'il refusa; mais peu de temps après, ce monarque étant mort, les deux adversaires firent même demande au roi Henri II son fils qui l'accorda.

Tout le monde connaît le résultat de ce célèbre combat, où, contre toutes les probabilités, la Chasteigneraye, favori du roi, succomba, et où le roi, malgré sa douleur de voir son favori vaincu, fut cependant contraint de rendre justice à la valeur et à la générosité de Jarnac, car il lui dit en l'embrassant : *Mon cousin*, vous avez combattu *en César et parlé en Aristote* (1).

Après ce combat, Jarnac fut conduit par les hérauts d'armes dans l'église de Notre-Dame à Paris, et après avoir rendu grâce à Dieu, il y fit appendre ses armes qui y sont restées long-temps placées (Sainte-Foy, *Essais sur Paris*, tome IV, page 102) (2). Il donna quittance le 4 janvier 1547 à Jacques Veau, trésorier des guerres, d'une

---

(1) Il faut lire les détails et le procès-verbal circonstancié de ce combat dans Castelnau et dans le *Théâtre de l'honneur et de la chevalerie*, par Lacolombières. C'est un des épisodes les plus curieux et les plus intéressans de l'histoire des combats en champ clos.

(2) Au duel de Jarnac et de la Chastaigneraye (dit Sainte-Foix), on distinguait les parens et amis de l'un et de l'autre, laïques et ecclésiastiques, à leurs cocardes et rubans de couleurs différentes. Les couleurs de Jarnac étaient blanc et noir, celles de la Chastaigneraye gris et bleu.

somme de 500 francs, pour les quartiers de janvier 1546 et avril 1547 de son état de capitaine de quarante lances, laquelle quittance est scellée comme ci-dessus. Il en donna une autre de 450 francs sous le même sceau, pour le quartier d'octobre 1554, de son état de capitaine de cinquante lances à raison de 1800 francs par an; elle est du 24 février 1554. Il y en a encore une autre de lui sous le même scel, donnée à François Racouis, trésorier des guerres, le 31 janvier 1559, de 450 francs pour son état de capitaine de cinquante lances du quartier de juillet 1558.

Il fut confirmé en 1569 (1) dans les charges de premier gentilhomme de la chambre du roi Charles IX et du duc d'Orléans, de capitaine de cinquante hommes d'armes des ordonnances du roi, de gouverneur et lieutenant général pour le roi en la ville de la Rochelle et pays d'Aunis, de maire perpétuel de Bordeaux et de capitaine du château de Ha, en laquelle qualité il donna encore quittance à Charles d'Ost, receveur ordinaire de Bordeaux, de 691 francs 17 sous 6 deniers sur la demi-année de ses gages du 1er janvier au dernier juin 1572, à Bordeaux, le 10 août de la même année, signée de sa main et scellée de son sceau, trois chabots.

Il eut pour femme Louise de Pisseleu, mariée par contrat du dernier jour de février 1540. Elle

(1) André Duchesne.

était fille de Guillaume de Pisseleu, seigneur de Heilly, et de Madeleine de Laval-Montmorency, sa troisième femme et sœur de la fameuse duchesse d'Étampes, favorite de François Ier (1).

Ils eurent pour enfans : 1° Léonor Chabot de Saint-Gelais, baron de Jarnac, qui suit.

2° Charles Chabot de Saint-Gelais, mort sans postérité.

3° Jeanne Chabot de Saint-Gelais, mariée deux fois, la première le 1er juin 1560 à Réné-Anne d'Anglure, baron de Givry, comte de Tancarville, fils puîné de François d'Anglure, vicomte d'Estoges, etc., et de Marie de Verès; et en secondes noces en 1564, à Claude de la Châstre, seigneur de la Maison-Fort, maréchal de France, fils de Claude de la Châstre, seigneur de la Maison-Fort, et de Anne Robertet, dame de Laferté-Reuilly.

Guy Chabot (Ier du nom), baron de Jarnac, contracta une seconde alliance avec Barbe de Cauchon-Maupas, veuve de Symphorien de Durfort, seigneur de Duras. Elle est qualifiée dame de Jarnac et du Pujols dans son testament du 4 septembre 1577.

(1) La maison de Pisseleu est une des plus distinguées de la Picardie, et des mieux alliées de cette province. Les princes de Savoie, de la branche qui était établie en France, des ducs de Nemours, etc., en descendaient. — Guillaume de Pisseleu, père de Louise, femme de Guy Chabot de Jarnac, était fils de Jean, seigneur de Pisseleu, et de Jeanne-Marie d'Argicourt, dame de Heilly, et petit-fils de Jean de Pisseleu, et de Jeanne, princesse de la maison de Dreux, qui descendait en ligne directe de Robert de France, comte de Dreux, petit-fils de Philippe Ier, roi de France, et de Berthe de Hollande. (*Voyez* la généalogie de la maison de Dreux, père Anselme, tom. 1er. Maison de France.)

XVIIIᵉ DEGRÉ.

Léonor Chabot de Saint-Gelais (Iᵉʳ du nom), baron de Jarnac, seigneur de Sainte-Aulaye, de Montlieu, etc., chef du nom et armes de Chabot, gentilhomme de la chambre du roi, capitaine de cinquante hommes d'armes des ordonnances, etc. Il donna quittance en qualité de seigneur de Montlieu et de lieutenant de trente lances des ordonnances du seigneur de Jarnac son père, à François de Racouis, trésorier des guerres, de 278 francs 1 sou 1 denier un tiers, pour cinq mois quatre jours de son état de lieutenant, commençant le 27 janvier 1559 et fini le dernier juin suivant, à 600 francs par an; elle est du 29 juillet 1560. Il en donna une autre en la même qualité à Claude Lion, trésorier des guerres, de 160 francs 10 sous, pour son quartier d'avril; elle est du 12 février 1563 et scellée comme la précédente en cire rouge à plat, trois chabots avec une étoile en chef et une couronne de baron sur l'écu. On en trouve une troisième où il se qualifie lieutenant d'une compagnie de cinquante hommes d'armes des ordonnances, sous le seigneur de Jarnac, qu'il donna étant à Surgères, le 26 avril 1572, à Étienne de Bray, trésorier de l'ordinaire des guerres, de 162 livres 10 sous pour son quartier de janvier dernier; elle est scellée de cire rouge sur parchemin, trois chabots et une couronne de baron.

Il servit Henri IV dans toutes ses guerres, et mourut en 1605.

Il se maria deux fois.

SA PREMIÈRE FEMME FUT Marguerite de Durfort, fille de Symphorien de Durfort, seigneur de Duras, et de Barbe de Maupas, seconde femme de Guy Chabot, baron de Jarnac, son beau-père (1).

ILS EURENT POUR ENFANS: 1° Guy Chabot de Saint-Gelais (IIe du nom), comte de Jarnac, qui suit.

2° Jean Chabot de Saint-Gelais, seigneur de Saint-Aulaye, mort sans postérité.

SA FEMME FUT Charlotte de Clermont, fille de Georges de Clermont, marquis de Gallerande, et de Marie Clutia.

3° Charles Chabot de Saint-Gelais, seigneur de Saint-Aulaye, après son frère, et dont est sortie la branche des *ducs de Rohan*, *pairs de France*, mentionnée ci-après, page 105.

4° François Chabot de St-Gelais.

5° Hélène Chabot de St-Gelais,
6° Françoise Chabot de St-Gelais, } religieuses.
7° Catherine Chabot de St-Gelais,

LA SECONDE FEMME DE LÉONOR CHABOT, BARON DE JARNAC, FUT Marie de Roche-Chouart, mariée par contrat du 11 mars 1571, fille et héritière de Charles de Roche-Chouart, seigneur de Saint-Amand, et de Françoise de Maricourt.

ILS EURENT POUR ENFANS: 1° Éléonore Chabot de

---

(1) La maison de Durfort, très-ancienne, noble et illustre, alliée aux plus grandes maisons de l'Europe.

Saint-Gelais, comtesse de Conac, mariée en premières noces avec Louis de Vivonne, seigneur de la Chasteigneraye, fils de Charles de Vivonne, baron de la Chasteigneraye, et de Réné de Vivonne. Il mourut sans postérité, en 1612, et sa veuve se remaria en secondes noces à Jacques d'Harcourt, marquis de Beuvron, fils de Pierre d'Harcourt, marquis de Beuvron, et de Gillonne de Matignon. C'est elle qui fut la mère de Gillonne d'Harcourt, marquise de Piennes, et ensuite comtesse de Fiesque, célèbre par sa beauté, par sa magnificence, par les agrémens de son esprit, et dont il est parlé dans tous les mémoires du temps, et particulièrement par Mme de Sévigné, dans ses Lettres.

2° Claude Chabot de Saint-Gelais, allié à Aloph Rouault, seigneur de Thimbrune et de Sérifontaine, quatrième fils de Nicolas Rouault (Ier du nom), seigneur de Gamache, et de Claude de Maricourt. Ce Nicolas Rouault, seigneur de Gamache, chevalier de l'ordre du roi, fut un des quatre seigneurs huguenots auxquels le roi sauva la vie au massacre de la Saint-Barthélemy, en 1572, à cause de sa fidélité.

3° Marie Chabot de Saint-Gelais, mariée en premières noces à Urbain Gillier, seigneur de Puy-Garreau, baron de Marmande, et en secondes noces à François de Vernon, seigneur de la Rivière-Boneuil.

XIXᵉ DEGRÉ.

Guy Chabot de Saint-Gelais (IIᵉ du nom), chevalier de l'ordre du roi, créé comte de Jarnac par lettres patentes du roi, enregistrées au parlement, seigneur de Montlieu, de Maroüette, de Grésignac, etc., chef du nom et armes de sa maison, capitaine de cent chevau-légers, fait conseiller d'état le 30 juin 1614, et lieutenant-général pour le roi, en Saintonge, sous le prince de Condé, en 1616; testa en 1640.

Il se maria deux fois.

SA PREMIÈRE FEMME FUT Claude de Montagrier, appelée mademoiselle de Grésignac, dame de Maroualhes ou Maroüette, fille d'Antoine de Montagrier, seigneur de Maroüette, Grésignac, Lange, Brassac, du Champ-d'OEil, et d'Isabeau d'Absac la Douze.

Elle épousa Guy Chabot de Jarnac, le 12 février 1609.

ILS EURENT POUR ENFANT Jacques Chabot de Saint-Gelais, seigneur de Montlieu, mort sans postérité.

SA DEUXIÈME FEMME FUT Marie de Larochefoucauld, fille d'Isaac de Larochefoucauld, baron de Montendre et de Montguyon, et d'Hélène de Fonsèques, fille de Charles de Fonsèques, chevalier, seigneur de Surgères, et d'Ester Chabot. Elle épousa le comte de Jarnac, le 21 mai 1620.

Ils eurent pour enfans : 1° Louis Chabot de Saint-Gelais, comte de Jarnac, qui suit.

2° Guy-Charles de Saint-Gelais, prieur de Jarnac et de Montours. Il fit son testament le 1ᵉʳ décembre 1679, et un codicile le 18 du même mois de la même année.

3° François Chabot de Saint-Gelais, chevalier de Malte, dit le chevalier de Jarnac, fit son testament au château de Jarnac, le 4 avril 1685, après midi, et institua son héritier Louis Chabot, son petit-neveu, fils de Guy-Henri Chabot, comte de Jarnac (rapporté ci-après).

4° Claire Chabot de Saint-Gelais, religieuse carmélite à Paris.

5° Henriette Chabot de Saint-Gelais,

6° Marie Chabot de Saint-Gelais,

} religieuses en l'abbaye Notre-Dame, hors les murs de la ville de Saintes. Elles firent leur testament étant novices, au moment de faire profession, le 4 janvier 1649, et instituèrent leur frère aîné, Louis, leur héritier universel, etc.

XXᵉ DEGRÉ.

Louis Chabot (IIIᵉ du nom), comte de Jarnac, marquis de Soubran, en Saintonge, baron de Montlieu, seigneur de Marouëtte, de Grésignac, de Montignac, de Clion, de Sommessac, Sémillac, Lange, etc., chef du nom et armes de sa maison, conseiller du roi en ses conseils, maréchal de ses camps et armées, mestre de camp d'un régiment de cavalerie. Il eut commission du roi d'assembler la noblesse de Coignac, au mois d'octobre 1651, et mourut en 1666, ayant fait son testament le 23 septembre 1665.

SA FEMME FUT Catherine de la Roche-Beaucourt, marquise de Soubran, mariée par contrat du 27 janvier 1648, fille et héritière de Jean de la Roche-Beaucourt, marquis de Soubran, conseiller du roi en ses conseils, et lieutenant pour sa majesté dans les ville et château d'Angoulême, et des ville et citadelle de Saintes, et de Jeanne de Gallard, de Béarn, dame de Clion-Sommessac, sœur de René, comte de Brassac, ambassadeur du roi à Rome, gouverneur de Lorraine, Saintonge et Angoumois.

Catherine de la Roche-Beaucourt, comtesse de Jarnac, fit son testament le 22 janvier 1668.

ILS EURENT POUR ENFANS : 1° Guy-Henry Chabot, comte de Jarnac, qui suit.

2° Henry Chabot, mort jeune.

3° Guy-Charles Chabot, abbé de Jarnac, doyen de Saintes.

4° Joseph-Louis-Augustin Chabot, chevalier de Malte en 1675.

5° Hélène Chabot, dite mademoiselle de Jarnac, fille d'honneur de madame la dauphine, morte à Versaille en 1687.

6° Françoise Chabot, mariée à Charles de Larochefoucauld, marquis de Surgères, fils de Charles-François de Larochefoucauld, marquis de Surgères, et de Charlotte de Larochefoucauld-d'Estissac.

7° Catherine Chabot, nommée Mlle de Jarnac, religieuse au couvent de Puy-Berlane en Poitou. Elle fit son testament avant sa profession, étant encore novice, le 23 janvier 1683, et institua son oncle, François Chabot, chevalier de Jarnac, son héritier universel.

XXIᵉ DEGRÉ.

Guy-Henry Chabot, comte de Jarnac, marquis de Soubran, seigneur de Clion, Sommessac, de Maroüette, de Grésignac, de Sémillac, etc., chef du nom et armes de sa maison, né le 27 novembre 1648, fut conseiller du roi en ses conseils et son lieutenant-général dans ses provinces de Saintonge et Angoumois, par lettres du 30 janvier 1678. Il mourut le 16 décembre 1691.

IL SE MARIA DEUX FOIS. SA PREMIÈRE FEMME FUT Marie-Claire de Créquy, fille d'Adrien de Créquy, vicomte de Houlles, seigneur de la Cressonières, et de Jeanne-Lamberte de Lannoy (1).

(1) La maison de Créqui est, sans contredit, une des plus illustres de France ; il en est déjà question d'une manière brillante dans l'histoire dès l'an 986, et sans rechercher d'autres titres de grandeur que ses alliances, Marie-Claire de Créqui comptait parmi ses mères des princesses et demoiselles des maisons de Saint-Omer, de Hénault, de Louvain, de Clèves, d'Enghien, de Craon, de Crouy, etc., et descendait par alliances des mai-

Elle avait épousé le comte de Jarnac le 21 août 1669, et mourut au palais d'Orléans (nommé depuis le Luxembourg), le 29 mars 1684, à l'âge de trente-sept ans.

Ils eurent pour enfans : 1° Louis Chabot, appelé le comte de Chabot, né en novembre 1675. Il était mort le 29 septembre 1690.

2° François-Philippe Chabot, marquis de Soubran, mort jeune sans postérité.

8° Gillone-Gabrielle Chabot, morte jeune et sans alliance.

La seconde femme de Guy-Henry Chabot, comte de Jarnac, fut Charlotte-Armande de Rohan, mariée le 17 mai 1688. Elle était fille aînée de Charles de Rohan, duc de Montbazon, et de Jeanne Armande de Schomberg. Étant veuve du comte de Jarnac, elle se remaria en secondes noces, le 15 avril 1693, avec Pons de Pons, comte de Roquefort, qui était veuf de Lidie de Larochefoucauld-Roissac.

Ils eurent pour enfans : 1.° Guy-Armand Chabot, marquis de Soubran, puis comte de Jarnac, né le 10 juin 1689, et mort sans avoir été marié le 28 août 1707, à l'âge de dix-huit ans.

---

sons d'Écosse, d'Alsace, d'Angleterre, d'Austrasie ; quelques auteurs même font remonter son origine jusqu'à Rotrude, fille de Dagobert (I.er du nom), roi de France, et de Waldrade, princesse de Bourgogne. Les anciennes généalogies donnent pour première tige de la maison de Créquy Arnoult, sire de Créqui, dit le Vieil ou le Barbu, qui vivait en 857 (selon Lamorlière), et qui mourut en 897, dans un combat où il soutenait les intérêts du roi Charles-le-Simple.

2º Henriette-Charlotte Chabot, comtesse de Jarnac, marquise de Soubran, Sommessat, Sémillac, Maroüette, etc., restée seule héritière de la branche aînée de sa maison, naquit le 3 juin 1690 et fut baptisée le lendemain, 4 juin 1690, à St-Pierre de Jarnac. Elle fut mariée, par contrat signé le 2 juin 1709, à Paul-Auguste-Gaston de Larochefoucauld, dit le chevalier de Montendre, brigadier des armées du roi et colonel du régiment de Béarn-infanterie. Il prit, à cause d'elle, le nom de comte de Jarnac; dont elle avait hérité du comté à la mort de son frère, ainsi que de tous les biens de sa branche; et il mourut sans postérité le 19 décembre 1714.

La comtesse de Jarnac se remaria, le 19 juin 1715, à son cousin, Charles-Annibal de Rohan-Chabot, dit le chevalier de Léon, troisième fils de Louis de Rohan-Chabot, duc de Rohan, pair de France, et de Marie-Élisabeth du Bec-de-Vardes-Grimaldy. Il prit aussi, à cause d'elle, le nom de comte de Jarnac.

Elle mourut en son hôtel, place Vendôme, à Paris, le 27 août 1769, sans laisser de postérité. C'est elle qui fit, conjointement avec son mari, la substitution du comté de Jarnac, le 31 mars 1751, en faveur de Louis-Auguste de Rohan-Chabon, vicomte de Rohan, troisième fils de Louis-Bretagne-Alain de Rohan-Chabot, duc de Rohan, prince de Léon, et de Françoise de Roquelaure, à condition pour lui et sa postérité de ne porter que le nom seul et les armes simples de Chabot, ce qui fut approuvé et confirmé par lettres patentes du roi données à Versailles le 27 mai 1751 (1), enregistrées au parlement de Paris le 16 juillet suivant, et à Angoulême le 15 novembre de la même année. En conséquence de quoi le vicomte de Rohan prit le nom de vicomte de Chabot, du vivant du comte et de la comtesse de Jarnac; mais étant mort sans enfans, le 14 octobre 1753, ses droits au comté de Jarnac passèrent, aux termes de la substitution et aux mêmes conditions, à Charles-Rosalie de Rohan-Chabot, dit le vicomte de Chabot, fils cadet de Guy-Auguste de Rohan-Chabot, comte de Chabot, et d'Yonne-Sylvie du Breil de Rais, qui prit, après la mort du comte et de la comtesse de Jarnac, le nom de comte de Jarnac, et qui ne joignit plus le nom de Rohan à celui de Chabot, même dans les actes. Il était cousin-germain de celui pour qui avait été faite la première substitution de Jarnac, en 1751.

---

(1) Il y est dit entre autres : « Cette grâce ne peut être tirée à consé-
« quence, attendu qu'il s'agit de la conservation d'une terre ancienne
« dans une des maisons des plus illustres de notre royaume, alliée à
« notre maison royale et à plusieurs maisons souveraines et distinguées
« depuis plusieurs siècles, non-seulement parce que ceux qui en sont
« issus ont été reconnus et traités depuis long-temps comme cousins et
« parens, par écrit et autrement, par les rois nos prédécesseurs, tant de
« la branche communément dite de Valois que de celle de Bourbon,
« mais encore par les importans services qu'ils ont rendus à l'état, et par
« les charges éminentes qu'ils y ont remplies.»

(Lettres patentes confirmatives de la substitution du comté de Jarnac, en date du 27 mai 1751.)

§ IV.

SEIGNEURS DE SAINT-AULAYE,

Ducs de Rohan, Pairs de France, etc.

XIXe DEGRÉ.

Charles Chabot (IIe du nom), seigneur et marquis de St-Aulaye, de Montlieu, etc., troisième fils de Léonor Chabot (Ier du nom), baron de Jarnac, et de Marguerite de Durfort-Duras (mentionnés ci-dessus pages 95 et 96).

SA FEMME FUT Henriette de Lur, fille de Michel de Lur de Saluces, chevalier, seigneur de Longa, et de Marie, fille de Jean Raguier, chevalier, seigneur d'Esternay, et de Marie de Béthune. La maison de Lur, originaire d'Allemagne, est très-ancienne ; elle est établie depuis plusieurs siècles dans la province de Guyenne, et a contracté des alliances avec les maisons les plus considérables du royaume. Henriette de Lur épousa Charles Chabot, marquis de St-Aulaye, en 1613 (1).

Ils eurent pour enfans : 1° Charles Chabot, seigneur de St-Aulaye, nommé le comte de Chabot, maréchal des camps et armées de France, gouverneur de Rose en Roussillon, qui fut tué en Catalogne, au premier siége de Lérida (2), au mois de novembre 1646, à l'âge de trente-un ans, sans avoir été marié. Tout annonçait en lui de grands talens qui devaient lui faire parcourir une brillante carrière. Il avait déjà fait quatorze campagnes de guerre. C'est de lui dont il est question dans les lettres patentes d'érection du duché de Rohan en pairie, en faveur de son frère cadet, Henri de Chabot, lorsqu'en parlant du duc de Rohan et de ses deux frères, il est dit : « Lequel et ses deux frères, le
« comte et le chevalier, ont dignement répondu
« par leur valeur et le mérite de leurs personnes
« aux avantages d'une si belle et si haute origine
« et d'aussi illustres alliances que celles-ci. Le
« dit comte de Chabot s'étant signalé par un nom-

(1.) *Dictionnaire généalogique*, tome 5, page 471.

(2) Le siége de Lérida fut entrepris par l'armée française sous les ordres de Henri de Lorraine, comte d'Harcourt, qui échoua dans cette entreprise, et fut forcé de lever le siége et de se retirer le 21 novembre 1646. Le grand Condé ne fut pas plus heureux l'année suivante devant la même place.

Le comte d'Harcourt était le deuxième fils de Charles de Lorraine (Ier du nom), duc d'Elbeuf, et de Catherine Chabot, fille de Léonor Chabot, comte de Charny, etc., grand-écuyer de France, et de Françoise de Rye, dame de Longwi, sa seconde femme; il était par conséquent cousin du quatrième au cinquième degré de Charles, comte de Chabot, qui fut tué à ce siége.

« bre infini de belles actions, notamment par la
« fameuse reprise de Flix en Catalogne, et après
« quatorze belles et heureuses campagnes de ser-
« vice ayant été tué au premier siége de Lérida,
« auquel il commandait en un quartier comme
« plus ancien maréchal de camp. » Il avait été
employé, l'année d'auparavant, en qualité de maréchal de camp, sous les ordres de César de
Choiseul du Plessis-Praslin, depuis maréchal de
France, au fameux siége de Rose, en Roussillon (1),
et s'y comporta avec tant de valeur et de talens
qu'il mérita d'être fait gouverneur de cette place
importante, qui était devenue la clé de la France
de côté de l'Espagne.

(Turpin dans la vie du maréchal de Praslin,
dit (2), en parlant de ce siége commandé par ce
général) : « On lui donna pour maréchaux de
« camp Chabot et Fabert, dont l'un était aussi
« distingué par sa valeur personnelle que par sa
« naissance ; l'autre, artisan de sa gloire et de sa
« fortune, s'était élevé de l'emploi de soldat aux
« premiers honneurs de la guerre (3). Fabert fut

(1) Le siége de Rose, en Roussillon, fait par César de Choiseul du Plessis-Praslin, depuis maréchal de France ; cette place fut prise le 28, d'autres disent le 31 mai 1545, après quarante-neuf jours de tranchée ouverte. La reddition de cette place donnait la libre communication entre la Catalogne et le Roussillon.

(2) Tome 26 des *Hommes illustres de France.*

(3) Abraham Fabert, qui, de simple soldat, mérita dans la suite, par ses talens et ses services signalés, d'être élevé à la dignité de maréchal de France.

« pris par les ennemis avant l'ouverture du siége,
« et ce malheur, qui fut vivement senti par le
« comte de Chabot qui appréciait ce héros, lui
« laissa cependant tout l'honneur de la conduite
« de ce siége sous les ordres de son général en
« chef.

« Le grand Condé donna des larmes à la perte
« de ce jeune guerrier qu'il aimait tendrement,
« ainsi que ses deux frères, et qui depuis leur
« sortie de l'enfance étaient ses compagnons
« d'armes. »

2° Henry Chabot, marquis de Saint-Aulaye, puis duc de Rohan, pair de France, etc., qui suit.

3° Guy-Aldonce, appelé le chevalier de Chabot, chevalier de Malte, maréchal des camps et armées du roi, mort des blessures qu'il reçut au siége de Dunkerque au mois d'octobre 1646. Il était pour lors âgé de vingt-sept ans et avait déjà fait douze belles et glorieuses campagnes de guerre, comme il est entre autres rapporté dans les lettres patentes du roi pour l'érection du duché de Rohan (1), où il est dit : « Le chevalier de Chabot, cadet de la
« maison, ayant aussi très-glorieusement servi
« douze campagnes et fait connaître son courage
« et sa valeur aux célèbres batailles de Rocroy (2)
« et de Fribourg (3), et très-dignement en celle

(1) En 1652.
(2) La bataille de Rocroy, gagnée par le duc d'Enghien, depuis prince de Condé, le 10 mai 1643.
(3) Les trois combats de Fribourg, donnés et gagnés par le même prince, les 3, 5 et 9 août 1644.

« de Northlingen, où il commanda le gros de ré-
« serve, et finalement ayant perdu la vie pour
« notre service au mémorable siége de Dunker-
« que (1) en y faisant la charge de maréchal de
« camp. »

Il n'était encore que volontaire aux trois combats de Fribourg (2) donnés et gagnés par le grand Condé, pour lors duc d'Enghien, les 3, 5 et 9 août 1644. Désormeaux, dans son *Histoire du grand prince de Condé*, tome Ier, page 242, rapporte ainsi qu'il suit l'ordre de bataille de celle de Northlingen, et la part qu'y eut le chevalier de Chabot : « Tel était l'ordre de bataille du duc
« d'Enghien : dix escadrons français rangés sur la
« même ligne formaient l'aile droite, commandée
« par Grammont, le plus ancien des deux maré-
« chaux de France, il était secondé par Arnaud,
« maréchal de camp, et soutenu du corps de ré-
« serve, composé de six bataillons et de six esca-
« drons de troupes de la même nation, aux or-

(1) Ce siége de Dunkerque fut fait par le grand Condé, pour lors duc d'Enghein, qui prit cette place importante le 16 octobre 1646.

(2) Désormeaux, dans son *Histoire du grand Condé*, 1er vol., page 151, dit, en parlant de ces trois combats et de ceux qui s'y trouvaient : « Les « principaux officiers ou volontaires étaient les chevaliers de Grammont et « de Chabot. »

Le fameux maréchal de Merci y commandait l'armée ennemie. Le même auteur dit à ce sujet : « Quand Merci n'aurait pas acquis la plus brillante
« réputation par les victoires de Tudelingen et de Mariendal, et par des
« exploits sans nombre, sa conduite dans les combats de Fribourg l'aurait
« immortalisé; sa défaite valut au vainqueur la réputation du plus grand
« capitaine de l'Europe. »

« dres du chevalier de Chabot (1), maréchal de
« camp, qui présentait une seconde ligne ; Tu-
« renne commandait la gauche ; il était à la tête
« de douze escadrons weymariens qui passaient
« pour la meilleure cavalerie de l'Europe. La se-
« conde ligne de gauche n'était composée que de
« Hessois au nombre de six escadrons et de six
« bataillons, à la tête desquels combattaient
« Marsin, Bellenave, et Castelnau Mauvissière, les
« deux premiers, maréchaux de camp, et le der-
« nier, maréchal de bataille ; plus loin dans la
« plaine on voyait cinq escadrons de gendarmes
« et de carabiniers, prêts à seconder les efforts
« de cette infanterie. Le duc ne prit point de
« poste, il se proposait de marcher avec le mar-
« quis de la Moussaye, maréchal de camp, par-
« tout où il s'agirait d'animer les troupes et de
« décider la victoire. Il résulte de cette descrip-
« tion que l'armée française montait à vingt ba-
« taillons et à trente-neuf escadrons, c'est-à-dire
« environ seize ou dix-sept mille hommes ; que
« Grammont avait à combattre Jean de Vert,
« Turenne le baron de Gléen, et Marsin le
« comte de Merci. »

Après avoir rapporté la défaite du maréchal de
Grammont et de toute l'aile droite, il ajoute :

« Il n'y avait plus de ressource que dans le corps
« de réserve commandé par le chevalier de Cha-

---

(1) Désormeaux l'appelle par erreur le comte de Chabot.

« bot ; ce seigneur, sans être étonné de la défaite
« entière du maréchal, se présente audacieuse-
« ment au vainqueur, secondé par Arnaud qui,
« après avoir combattu jusqu'à la dernière extré-
« mité auprès de Grammont, était venu le joindre
« avec quelques officiers ; Chabot espérait que les
« premiers escadrons, qui n'avaient presque pas
« souffert, se rallieraient sous la protection de son
« feu ; mais quoiqu'il soutînt long-temps tous les
« efforts de l'aile entière qui lui était opposée,
« aucun escadron ne parut, tant l'esprit de ver-
« tige et de terreur s'était emparé de toute cette
« cavalerie ; elle ne profita de la valeur de Chabot
« que pour fuir avec plus de sécurité. Ce brave
« officier succomba enfin sous les coups de Jean
« de Vert ; la réserve fut entièrement battue et
« dissipée, etc., etc., etc. »

Cette glorieuse défaite n'en fut pas moins une des causes principales du gain de la bataille, en donnant au duc d'Enghien et à Turenne le temps de rassembler toutes leurs forces et de tomber sur Jean de Vert qui se croyait déjà sûr de la victoire (1).

Le chevalier de Chabot est encore cité parmi

---

(1) Le fameux général Merci, qui commandait l'armée ennemie, et qui passait avec raison pour le plus grand homme de guerre de son temps, fut tué à cette bataille. Il fut pleuré de toute son armée, et honoré de ses ennemis et de toute l'Europe. Il fut enterré sur le champ de bataille même, et l'on grava sur sa tombe cette inscription si célèbre, et si prodiguée depuis :

Sta viator,
Heroem calcas.

les maréchaux de camp de l'armée du duc d'Enghien au siége de Courtray, pris le 28 juin 1646.

Désormeaux, dans la *Vie du grand Condé*, dit en parlant du siége de Dunkerque fait par ce prince au mois d'octobre 1646 : « Le dernier coup
« qui partit de Dunkerque coûta la vie au comte
« (lisez le chevalier) de Chabot, maréchal de
« camp, qui mourut avec une constance héroïque;
« sa perte ne fut pas moins déplorée que celle du
« marquis de Laval. »

Turpin, dans la vie du même prince, en parlant du même siége, dit :

« Le jeune Laval, maréchal de camp, et qui
« avait la valeur naturelle à ceux de sa maison,
« reçut un coup de mousquet dont il mourut : sa
« mort fut suivie de celle de Chabot. Leur fin fut
« bien différente ; Laval, qui avait donné tant de
« marques d'intrépidité dans les périls, vit en
« tremblant la mort s'approcher de son lit. Cha-
« bot, aussi brave que lui, mais aussi voluptueux
« que Pétrone, mourut avec autant d'indifférence
« que ce Romain. Il fut vivement regretté du
« prince (le grand Condé), dont il était l'ami, le
« confident, le compagnon. »

4° Jeanne Chabot, morte sans alliance.

5° Lidye Chabot, mariée en 1634 à François de l'Espinay, seigneur de Bellevue.

6° Anne, dite Mlle Chabot, morte sans alliance.

7° Judith, dite Marguerite Chabot, religieuse, morte à Farmouthier.

XX.e DEGRÉ.

Henri Chabot, marquis de St-Aulaye et de Montlieu, et, depuis son mariage, duc de Rohan, pair de France, duc de Frontenay, prince de Léon (1) et de Soubise, comte de Porhoët et de Lorges, marquis de Blain et de la Garnache, baron de Monchamp, du Parc et de Vandrenne, seigneur d'Hiéric, de Fresnay, etc., etc., etc.; premier baron, président né et héréditaire de la noblesse et des états de Bretagne, gouverneur et lieutenant-général pour le roi de ses pays et duché d'Anjou,

Naquit en 1616, servit avec distinction en diverses occasions, et principalement aux siéges de Hesdin, d'Arras, de Thionville, de Gravelines, etc.; épousa, avec dispense du pape, le 6 juin 1645, Marguerite de Rohan, sa cousine, et prit à son mariage le nom de duc de Rohan, dont les honneurs du rang lui avaient été assurés d'avance par brevets particuliers du roi en date des mois de février et de mai précédens (2); fut gouverneur

(1) De Saint-Pol-de-Léon, ville et port de mer de la basse Bretagne. La principauté de Léon, première baronnie du pays, donnait droit à la présidence de la noblesse avant tous les autres barons.

(2) Aux mois de février et de mai 1645, avant même la célébration du mariage, il y eut des brevets expédiés, par lesquels sa majesté promettait de conserver au futur époux les honneurs accordés par Henri IV au vicomte de Rohan, comme parent le plus proche de ce roi dans la ligne d'Albret, et même son héritier présomptif en Navarre, avant la naissance de ses enfans.

8

d'Anjou en 1647, créé duc et pair de France en décembre 1648; prêta serment de duc et pair au parlement de Paris le 15 juillet 1652; prit part à toutes les guerres et négociations de la Fronde, où il tenait le parti de M. le prince de Condé qui l'honorait de la plus tendre amitié et de la plus entière confiance; il lui rendit de grands services en plusieurs occasions, et entre autres le jour de la bataille de St-Antoine, et contribua beaucoup à l'accommodement des affaires du parti avec la cour.

Ses lettres, depuis le 26 mars 1646 jusqu'au 12 juillet 1652, ont été long-temps dans la bibliothèque de M. de Bouthillier, archevêque de Sens.

Il mourut âgé de trente-neuf ans, le 27 février 1655, dans son hôtel, vieille rue du Temple, paroisse St-Gervais, et fut enterré dans la chapelle d'Orléans de l'église des Célestins de Paris, où la duchesse de Rohan, sa femme, lui fit élever un tombeau en marbre blanc, où l'on voyait sa statue sculptée par Augier, artiste de ce temps.

SA FEMME FUT Marguerite de Rohan, duchesse de Rohan et de Frontenay, princesse de Léon et de Soubise, marquise de Blain et de la Garnache, comtesse de Porhoët et de Lorge, baronne de Monchamp, du Parc (appelé maintenant le parc Soubise en Poitou) et de Vandrenne, dame d'Héric et de Fresnay, etc., etc., etc., née en 1617. Elle était restée fille unique et seule héritière de tous les biens de son père, le fameux Henri, vingtième vicomte, puis créé duc de Rohan, pair de France (1).

Après la mort de son mari, Marguerite de Rohan fut nommée tutrice de ses enfans par lettres patentes du roi, données le 10 juin 1665, enregistrées au parlement le 5 octobre suivant; son fils y est nommé Rohan-Chabot et ses filles Chabot-Rohan.

(1) Il fut nommé le grand capitaine, et le duc de Rohan de la Walteline, pendant si long-temps chef des huguenots. Il fut aussi général des armées du roi, gouverneur du haut et bas Poitou, Loudunois, Chastelrandois, et Saint-Jean-d'Angéli, colonel-général des Suisses en France, généralissime de la république de Venise, l'un des plus grands capitaines et des hommes les plus illustres de son temps, par ses talens militaires, sa valeur, les ressources de son esprit, et par les beaux ouvrages qui sont restés de lui. La mère de Marguerite de Rohan était Marguerite de Béthune-Sully, fille du fameux Maximilien de Béthune, marquis de Rosny, puis duc de Sully, pair, maréchal et grand-maître de l'artillerie de France, ami et premier ministre du roi Henri IV, et de Rachel de Cochefilet.

Marguerite de Rohan, après avoir été destinée au duc de Weimar, de la maison de Saxe, au comte de Soissons, prince du sang, qui périrent tous deux les armes à la main, après avoir refusé le duc de Nemours, fils aîné de la maison de Savoie en France, Robert, fils puîné de l'électeur palatin, qui parvint depuis à la couronne de Bohême, et plusieurs autres princes de maisons souveraines, épousa, de son choix, avec dispense du pape, son cousin, Henri Chabot, seigneur de Saint-Aulaye, d'une branche cadette de celle de Jarnac. Ce mariage fut célébré le 6 juin 1645, au château de Sully, avec substitution expresse des nom et armes pleines de Rohan, que son mari consentit à prendre et à transmettre à sa postérité, ainsi qu'il est rapporté dans les lettres patentes d'érection du duché de Rohan en pairie (1), par ces paroles : « Et par autre brevet du 1er mai 1645, « avons aussi permis et accordé à notre dit cousin de Chabot, lors futur

(1) Lettres patentes d'érection de la terre de Rohan en pairie, en faveur d'Henri de Chabot, du mois de décembre 1648, enregistrées au parlement de Paris le 13 juillet 1652.

Elle mourut à Paris le 9 avril 1684, âgée de soixante-sept ans, et fut enterrée aux Célestins, auprès de son mari.

La Place, dans son Recueil d'Épitaphes, rapporte quatre vers assez mauvais qu'un anonyme fit sur sa mort, à la suite desquels il ajoute : « Elle
« était fille unique de Henry, duc de Rohan, mort
« à l'abbaye de Kœnigsfeld et inhumé à Genève
« en 1638. Elle avait d'abord été destinée au duc
« de Weimar, l'un des plus grands capitaines de
« son temps; ensuite à Louis de Bourbon, comte
« de Soissons, qui tous les deux moururent au
« sein de la victoire. Après la mort de son père,
« Marguerite, qui ne voulait se marier que pour
« elle, se déclara malgré sa mère en faveur de
« Henry Chabot, d'une des plus illustres et des
« plus anciennes maisons du royaume, alliée

« époux de notre dite cousine, de faire revivre en sa faveur, et pour la
« considération de l'alliance où il entrait, la duché et pairie de Rohan,
« éteinte par la mort, arrivée sans mâles, de notre dit feu cousin le duc
« de Rohan, et à cause principalement que l'aîné des enfans qui sortiraient
« du dit futur mariage devait relever le nom et les armes du dit duc et des
« vicomtes de Rohan ; et mettant aussi en considération que les droits
« de deux duchés et pairies, savoir de Rohan et de Frontenay, ci-devant
« érigées en faveur de nos dits feux cousins de Rohan et de Soubise, se
« trouvent réunis en la personne de notre dite cousine, leur héritière. A
« ces causes et autres, à ce nous mouvant, voulant favorablement
« traiter nos dits cousin et cousine de Rohan, et de plus en plus contri-
« buer, à l'imitation de nos ancêtres, à l'agrandissement des familles illustres
« de notre royaume, et en particulier à l'élèvement de la maison de
« Chabot, qui se trouve, par ce moyen, confuse avec celle de Rohan, et
« dont le fils aîné et ses descendans, comme dit est, doivent porter le nom
« et les armes à l'avenir, etc. »

« même à celle de Rohan, mais bien moins opu-
« lente. » En effet, le comte de Chabot, cadet
d'une branche cadette de sa maison, dont les grandes possessions étaient passées par mariages dans des maisons étrangères (1), n'avait presque pour héritage que son illustre naissance et ses qualités personnelles; aussi, ce mariage avec la plus grande héritière de l'Europe souffrit-il d'abord des difficultés qui furent toutes aplanies par le crédit, l'intérêt et les bons offices du duc d'Orléans et du grand Condé, qui obtinrent de la cour pour le comte tous les avantages qu'il pouvait désirer dans ce moment.

Ils eurent pour enfans : 1° N.... de Rohan-Chabot, mort peu après sa naissance, le 6 novembre 1646, et enterré aux Pénitens de Picpus, près Paris.

2° Louis de Rohan-Chabot, duc de Rohan, pair de France, etc., qui suit, né le 3 novembre 1652.

3° Anne-Julie Chabot de Rohan, dite Mlle de Rohan, dame de Soubise, de Frontenay, etc., née en 1648, mariée le 17 avril 1663 à François de Rohan, comte de Rochefort, puis prince de Soubise par son mariage, lieutenant-général des armées du roi, capitaine-lieutenant des gendarmes

(1) Dans les maisons de Lorraine, de Vergy, et, dans des temps plus anciens, dans les maisons de Lusignan, de Vivonne, de Laval-Montmorency, de Châtillon-sur-Marne, d'Harcourt, de Belley, enfin, dans des temps postérieurs, dans celles de Rohan-Soubise, de Melun, etc., par des héritières qui ont porté dans ces maisons les grands biens de leurs branches.

de sa garde, gouverneur de Champagne et de Brie, fils puîné d'Hercule de Rohan, duc de Montbazon, pair de France, et de Marie d'Avangour-Bretagne.

La princesse de Soubise, célèbre par sa beauté et par l'ascendant qu'elle garda toute sa vie sur le roi Louis XIV, qui l'avait beaucoup aimée, mourut à Paris, à l'hôtel de Soubise (ci-devant l'hôtel de Guise), au Marais, le 4 février 1709, âgée de soixante-un ans, et fut enterrée dans l'église des Feuillans, rue St-Honoré, à Paris, puis transférée en celle des Religieuses de la Merci, le 1er février 1710.

4° Marguerite-Charlotte-Gabrielle Chabot de Rohan, mariée, par contrat du 10 novembre 16..., à Mâlo, marquis de Coëtquen et de la Marzolière, comte de Combour, vicomte d'Usel et de Tinteniac, baron de la Motte-d'Onon et Montmuran, gouverneur pour le roi de la ville et château de St-Mâlo, tour et forteresse de Solidor, fils de Mâlo, marquis de Coëtquen, et de Françoise de la Marzolière. Il mourut le 24 avril 1679 et elle le..... Elle fut célèbre par ses grâces et les charmes de son esprit, qui captivèrent, entre autres, le fameux vicomte de Turenne, au point de lui arracher le secret de l'état que Louis XIV lui avait confié.

5° Henriette-Gillone Chabot de Rohan, morte sans alliance.

6° Jeanne-Pélagie Chabot de Rohan, mariée le 11 avril 1668 à Alexandre-Guillaume de Melun, prince d'Épinoy, chevalier des ordres du roi, fils de Guillaume de Melun, prince d'Épinoy, et d'Ernestine de Ligne-Aremberg. Il mourut le 16 avril 1679, et elle subitement à Versailles, le 18 août 1698.

XXIe DEGRÉ.

Louis de Rohan-Chabot, vingt-deuxième vicomte et troisième duc de Rohan, pair de France, prince, comte et baron de Léon, comte de Porhoët et de Moret, marquis de Blain, de St-Aulaye et de Montlieu, seigneur d'Hiéric et de Fresnay, premier baron, président né et héréditaire de la noblesse de Bretagne, chef des nom et armes de sa maison par la mort de Guy-Armand Chabot, comte de Jarnac, dernier mâle de la branche aînée, arrivée le 18 août 1707. Il naquit le 3 novembre 1652, fut baptisé au Louvre, dans la chapelle du roi, par l'évêque de Meaux, le lendemain, 4 novembre, et tenu par leurs majestés. Il servit aux siéges et prises de Tournay, de Douai et de Lille en 1667 et en d'autres occasions. Il prêta le serment de duc et pair, au parlement, le 12 mai 1689, mourut à Paris la nuit du 17 au 18 août 1727, dans la soixante-quinzième année de sa vie, et fut enterré comme son père et ses aïeux dans la chapelle d'Orléans de l'église des Célestins de Paris, sépulture de sa famille. Ce fut lui qui reçut l'ordre du roi Louis XIV, par une lettre de M. de Lyonne, secrétaire d'état, de prendre le pas sur tous les électeurs d'Allemagne, même dans leur propre cour, quoiqu'il ne fût que simple voyageur, sans autre caractère public que celui de duc et pair de France qu'il tenait de sa naissance. Cette lettre de M. de Lyonne, écrite de la part du roi, a été conservée dans les archives de la maison. Ce fait est constaté ainsi qu'il suit dans l'ouvrage de Duclos, intitulé : *Pièces intéressantes et peu connues pour servir à l'histoire de la littérature*; tome 2, page 99 :

« Autrefois, les ducs et pairs de France trai-
« taient en égalité avec les électeurs ; le secré-
« taire d'état de Lyonne en donna, de la part du
« roi, l'ordre au duc de Rohan-Chabot, simple
« voyageur. Le duc de Chevreuse étant allé chez
« l'électeur palatin, celui-ci feignit une incom-
« modité et garda le lit pour ne pas donner la
« main (le pas) au duc, qui la prit toujours sur
« le prince électoral. »

En 1700, il eut à soutenir un procès fameux contre les princes de Guéméné et de Soubise, ses cousin et beau-frère, qui prétendirent lui faire quitter le nom et les armes pleines de Rohan; quoique les circonstances et les résultats de cette inconcevable attaque aient été rapportés dans tous les Mémoires du temps, et notamment dans les *Mémoires du duc de Saint-Simon*, des explications détaillées sur cette affaire ne peuvent être plus convenablement placées que dans la présente Notice historique et généalogique.

Ainsi qu'on a vu plus haut, ce fut en 1645 que Henri de Chabot, seigneur de St-Aulaye, épousa Marguerite de Rohan ; par son contrat de mariage, l'obligation de porter le nom seul et les armes pleines seules de la maison de Rohan lui ayant été imposée (1), et l'érection en sa faveur du duché de Rohan en duché-pairie ayant mis le sceau à ce pacte de famille, Henri de Chabot remplit cette obligation qui avait été la condition principale du mariage. Toutefois, il paraît que la duchesse Marguerite de Rohan fut elle-même frappée de l'inconvenance qu'il y aurait pour son fils à renoncer entièrement au nom de ses pères, car dans l'acte de tutelle du duc Louis de Rohan, tutelle qui lui fut décernée par lettres patentes du roi après la mort de son mari, en 1655, son fils est nommé Louis de Rohan-Chabot, duc de Rohan, et jamais il ne porta les armes de Rohan seules, mais écartelées de celles de Chabot, afin d'être toujours distingué des autres Rohan, avec lesquels il ne cherchait pas à se faire confondre, quoiqu'il fût, par sa position, ses possessions et la charge de son nom, le chef apparent de leur maison.

Ce sentiment qui, pour un membre de la mai-

---

(1) Voici textuellement la clause du contrat de mariage. « Et pour mainte-
« nir et conserver le nom de la maison de Rohan, a été arrêté et convenu
« entre les parties que le fils aîné qui naîtra de ce présent mariage portera le
« nom seul et les armes pleines seules de la dite maison de Rohan. »
D'après ces dernières paroles, on voit qu'on n'entendait par maison de Rohan que la seule branche qui en portait le nom.

son de Chabot, était fondé sur une noble et raisonnable fierté, fut aussi celui de son fils, qui, tout en honorant et chérissant la mémoire de sa mère, appréciait beaucoup plus les avantages de cette alliance par les grands biens et dignités qu'elle lui avait apportés, que par la possession d'un nom qu'il n'ambitionnait nullement, étant fier du sien et des souvenirs qui s'y rattachaient; aussi, dans tous les actes publics et privés, comme dans tous les actes de famille, il se fit constamment nommer Louis de Rohan-Chabot, duc de Rohan, de l'aveu et avec la participation de tous les membres des branches cadettes de la maison de Rohan.

Leur concours et leur adhésion avaient été si unanimes et si constans, que le duc de Rohan devait peu s'attendre à voir mettre en question ses droits au nom que son père et lui portaient sans trouble depuis plus de cinquante ans. Cependant le prince de Guéméné, poussé, dit-on, par un sentiment de jalousie peu réfléchi, l'attaqua pour le forcer à quitter ce nom, et pour empêcher que ses enfans ne pussent le porter. Madame de Soubise (1), sœur du duc de Rohan, et toute puissante alors par la faveur dont elle jouissait auprès

---

(1) M. de Soubise, qui s'appelait le comte de Rochefort avant son second mariage, avait épousé en deuxièmes noces l'aînée des sœurs du duc de Rohan, nommée mademoiselle de Rohan, qui lui avait apporté en dot Soubise-Frontenay (depuis duché de Rohan-Rohan), et beaucoup d'autres biens. Une singularité assez piquante et assez remarquable dans ce procès, c'est que les parties adverses du duc de Rohan étaient, l'une, le prince de

de Louis XIV, se joignit plus tard à M. de Guéméné.

La nature de cette concession et la qualité des adversaires donnèrent un grand éclat à cette cause, qui fut évoquée au conseil du roi, sections réunies, et jugée devant Louis XIV. De nombreux Mémoires furent réciproquement publiés (1), et aujourd'hui, surtout, que le temps qui s'est écoulé permet d'examiner le débat avec sang-froid, on a peine à concevoir qu'il ait pu jamais être élevé. En effet, les argumens du prince de Guéméné reposaient principalement sur cette base, que la clause du contrat de mariage de 1645, relative à l'obligation imposée à Henri de Chabot de porter le nom et les armes de la maison de Rohan, ne contenant aucune donation, le fils de celui-ci n'était pas tenu de remplir les engagemens pris par son père à cet égard.

La réponse à ce raisonnement fut aussi noble que décisive. Après avoir rappelé les immenses avantages de fortune et de position que Henri de Chabot recueillit de son mariage, le duc de Rohan ajouta (2) : « Il n'en a pas fallu moins pour obte-
« nir d'Henri de Chabot qu'il voulût bien consen-
« tir à ce que l'aîné des enfans qui sortiraient
« de son mariage, et sa descendance, portassent

Soubise qui avait épousé sa sœur, et l'autre, le prince de Guéméné, dont la sœur avait épousé le comte de Jarnac, aîné de la maison de Chabot.

(1) Il en existe des exemplaires à la Bibliothèque royale de Paris.

(2) *Voir* le troisième mémoire conservé à cette bibliothèque.

« le nom et les armes de Rohan ; c'est cette con-
« vention, et non pas son propre choix (1), qui
« lui imposent le nom de Rohan qu'il a pris,
« comme les enfans de Pierre de France ont pris
« le nom de Courtenay pour obéir à la loi d'un ma-
« riage (2). Il ne rougira pas plus qu'eux d'avoir
« observé la convention qui a lié son père, et sur la
« foi de laquelle le suppliant est né lui-même (3);
« il ne faut pas croire, d'ailleurs, qu'il ignore ce
« que des personnes sensées ont dit au prince de
« Guéméné qui les consultait sur cette affaire,
« que quelque illustre que fût le nom de Ro-
« han, il était moins glorieux à un Chabot de le
« porter, qu'à la maison de Rohan d'avoir obtenu
« qu'un Chabot ait bien voulu assujettir ses enfans
« à le prendre. Mais le duc de Rohan n'agit pas
« librement ; il a été nommé avant que de naître.
« La vie ne lui a été donnée qu'à la charge de
« porter ce nom, et il se flatte que les personnes
« équitables et délicates sur l'honneur ne croiront
« pas qu'il doive le quitter parce qu'il le peut
« impunément, parce que sa mère n'est plus là

(1) Le duc de Saint-Simon, dont on a dit si spirituellement qu'il faisait tache en parlant, a cherché à blâmer le duc de Rohan de ce qu'il n'avait pas saisi avec empressement l'occasion que lui offrait le procès, pour quitter le nom qu'il portait et prendre le nom de Chabot. La citation textuelle du Mémoire suffit pour faire apprécier la noblesse des considérations qui déterminèrent le duc de Rohan à résister à l'attaque de M. de Guéméné.

(2) Il y en a d'autres exemples qui sont très-nombreux. (*Voir* ci-après.)

(3) Dutillet, *Recueil des lois de France*, page 38 ; Sainte-Marthe, *Histoire généalogique*, tome 2, page 521.

« pour s'en plaindre et le forcer à le garder, ou
« parce que le prince de Guéméné lui défend de
« le conserver. »

Le prince de Guéméné s'appuyait aussi sur ce que, suivant lui, il était absolument impossible qu'aucun acte de la puissance humaine donnât le droit à une femme noble de transmettre son nom à ses enfans ; mais, à cet égard, les adversaires du duc de Rohan n'insistèrent pas avec confiance, ils furent réduits au silence par un faisceau d'exemples nombreux et de preuves décisives qui constatèrent, d'une manière péremptoire, qu'il n'était pas défendu aux femmes, héritières des branches aînées de leur maison, d'en assurer les biens à leurs enfans, à la charge de porter leur nom et leurs armes ; et que loin que cette transmission de leur nom et de leurs armes leur fût interdite, elles en étaient en possession publique et paisible, sans que personne s'y fût jamais opposé en aucun temps et en aucun lieu (1).

Enfin, le duc de Rohan gagna principalement toutes les opinions en invoquant le sentiment de

---

(1) On constata principalement qu'il en avait été ainsi pour la maison de Bourbon du nom de France, — de la maison d'Autriche du nom de Hapsbourg, — de la maison de Navarre, successivement Évreux, Grailly, Foix, Albret de Bourbon; — des Créqui, — des maisons de Lesdiguières et Blanchefort, — du Roussillon, successivement Clèves, la Mark, la Tour-d'Auvergne, — de Roche-Chouart de la maison de Pintville, — de Laval, de la maison de Montmorency, — des Arembergs, de la maison de Ligne, — de Narbonne, de la maison de Lara, etc., etc., presque tous ces noms portés, pendant que d'autres branches de ces maisons existaient, en adoptant pour la plupart leur livrée et leurs armes.

justice et d'équité qui ne devait pas permettre qu'un contrat, qu'un pacte de famille, souscrit, exécuté de bonne foi, fût violemment brisé après cinquante ans d'une possession publique, paisible, et non interrompue, qui avait ajouté la sanction du temps à la sanction de l'autorité royale.

Malgré la toute puissance de la princesse de Soubise dans l'esprit de Louis XIV, et bien que le duc de Rohan ne jouît d'aucune faveur auprès de ce monarque, qui n'avait pu lui pardonner diverses résolutions hardies en opposition avec ses volontés, le duc de Rohan fut maintenu, par arrêt du conseil, en date du 26 août 1704, dans la substitution des nom et armes de Rohan, comme représentant et continuant la branche des vicomtes de Rohan, dont les mâles étaient finis dans la personne de Henri, duc de Rohan, père de la duchesse Marguerite, et continuée par elle et sa postérité. Ce jugement est conçu en ces termes :

. . . . . . « Oui son rapport et tout considéré,
« le roi étant en son conseil, sans avoir égard à la
« demande du sieur prince de Guéméné, portée
« par son exploit du 28ᵉ jour de janvier 1700,
« dont il l'a débouté, et sans s'arrêter à l'in-
« tervention du sieur prince de Soubise, a
« maintenu et gardé le sieur duc de Rohan, *et
« ses enfans*, dans la possession en laquelle ils
« sont, de prendre et de signer le nom de Rohan
« *et d'en porter les armes comme ils font actuelle-*

« *ment et comme ils ont fait jusqu'à présent* (1).

« Fait au conseil-d'état du roi, sa majesté y
« étant, tenu à Versailles le 26ᵉ jour d'août 1704.

« *Signé* Phélipeaux. »

Ce fut le duc Louis de Rohan qui fit, le 21 juin 1708, la substitution graduelle et perpétuelle à l'infini : du duché de Rohan, de la principauté de Léon, du comté de Porhoët, et du marquisat de Blain (toutes terres situées en Bretagne), en faveur de Louis-Bretagne-Alain de Rohan-Chabot son fils aîné et de sa postérité masculine; au défaut de laquelle, celle de Guy-Auguste de Rohan-Chabot, dit le chevalier de Rohan, et celle d'Annibal de Rohan-Chabot, dit le chevalier de Léon, ses fils puînés, y furent appelés; et au défaut de mâles de toutes ces branches, l'aînée des filles de la branche aînée, et sa postérité masculine, à condition qu'elle ait épousé ou qu'elle épousera un seigneur de la première noblesse de l'Europe, et à charge pour son mari et toute leur postérité de prendre le nom et les armes de Chabot, comme premier et principal nom et armes, faute de quoi, ou d'extinction de la race de la dite fille aînée, la dite substitution passera à la puînée des filles et à sa postérité, et ainsi de suite de degrés en degrés et branche en branche, par ordre de primogéniture, et les mâles toujours préférés aux filles.

(1) C'est-à-dire de conserver les armes de Rohan écartelées des armes de Chabot. (*Voir* plus haut, page 121.)

Cette substitution, faite le 21 juin 1708, fut confirmée par lettres patentes du roi, données à Fontainebleau les mêmes mois et an, et enregistrées au parlement de Bretagne le 9 juillet suivant, et à la chambre des comptes du dit pays, le 14 des mêmes mois et an.

Sa femme fut Marie-Élisabeth-Catherine du Bec-Crespin-de-Grimaldy, dite Mlle de Vardes, née le 4 avril 1661, mariée à Saint-Cloud le 28 juillet 1678. Elle était fille unique de François-René du Bec-de-Grimaldy, marquis de Vardes, comte de Moret et gouverneur de Aigues-Mortes, capitaine des cent-suisses de la garde ordinaire du roi, chevalier de ses ordres, et de Catherine de Nicolaï (1). Elle hérita, après la mort de son père, du marquisat de Vardes, du comté de Moret, de la baronnie de la Bosse dans le Véxin français, etc. Elle mourut en 1743.

---

(1) Plusieurs auteurs assurent que la maison du Bec est une branche cadette de celle de Grimaldy, prince de Monaco, dont elle porte les armes et le nom, et dont on la fait sortir dans le dixième siècle; quoi qu'il en soit, cette maison est fort illustre par elle même, tant par les grands hommes qu'elle a produits dans l'église et dans l'épée (1), que par ses illustres alliances, ses grandes possessions et son ancienneté, qui remonte d'une manière prouvée, et avec suite, jusqu'à Gilbert de Brionne, dit Crespin, baron du Bec-Crespin, capitaine de Tillières, qui aida Héloin ou Herloin, premier abbé du Bec, en Normandie, à fonder l'abbaye de ce nom, en 1034. Son fils Guillaume suivit Guillaume-le-Conquérant, duc de Nor-

---

(1) La maison du Bec a donné entre autres un cardinal, des archevêques de Reims et de Narbonne, des évêques de Paris, de Laon, de Nantes, de Saint-Malo, de Vannes, un maréchal de France, des chevaliers des ordres du roi, un connétable héréditaire de Normandie, etc. (Voyez Moreri et le père Anselme sur la généalogie de la maison du Bec.

Ils eurent pour enfans : 1° Louis-Bretagne-Alain de Rohan-Chabot, duc de Rohan, prince de Léon, qui suit, né le 26 septembre 1679.

2° Guy-Auguste de Rohan-Chabot, nommé d'abord le chevalier de Rohan, puis le comte de Chabot, né le 18 août 1683; tige de la deuxième branche des ducs de Rohan, pairs de France, rapportée ci-après page 141.

3° Charles-Annibal de Rohan-Chabot, dit le chevalier de Léon, puis comte de Jarnac par sa femme. Il naquit le 14 janvier 1687, fut fait colonel d'un régiment d'infanterie de son nom le 21 janvier 1710; son régiment fut réformé à la paix en 1714. Il se maria le 19 juin 1715 à sa parente :

Henriette-Charlotte Chabot, comtesse de Jarnac, veuve en premières noces de Paul-Auguste de Larochefoucauld-Montendre, et fille et héritière de Guy-Henri Chabot, comte de Jarnac, aîné de sa maison, et de Charlotte-Armande de Rohan-Montbazon.

Ce fut lui qui fit, conjointement avec sa femme, la substitution du comté de Jarnac (qui a été rap-

---

mandie et roi d'Angleterre, à la conquête de ce royaume en 1066, et épousa, vers l'an 1055, Eve de Montfort, de l'illustre maison de Montfort-Lamoury, fille de Simon (Ier du nom), seigneur de Montfort, et d'Isabeau de Broyes, dame de Nogent. Eve de Montfort était sœur du premier lit de Bertrade de Montfort, mariée en 1089 à Foulques (IVe du nom), dit Réchin, comte d'Anjou, et ensuite à Philippe Ier, roi de France, ce qui fait que Guillaume du Bec se trouvait être beau-frère du roi de France et du comte d'Anjou.

portée ci-dessus page 103) et la donation de la terre de Marouette en Périgord à son petit-neveu, Alexandre-Louis-Auguste de Rohan-Chabot, nommé d'abord le comte de Polduc, ensuite comte de Chabot, et ensuite prince de Léon et duc de Rohan. (*Voyez* page 150.) Cette donation fut faite par acte du 5 décembre 1761, le surlendemain de la naissance de son dit neveu.

Le comte de Jarnac mourut le 5 novembre 1762.

4° Marie-Marguerite-Françoise de Rohan-Chabot, dite Mlle de Rohan, née le 25 décembre 1680, mariée par contrat du 12 mai 1700 à Louis-Pierre Juguelberg, comte de la Marck et de Schleiden, baron de Lunain et de Ferain dans les Ardennes, seigneur de Kerpen, Saffembourg, Gueltorf, Bologne, etc., avoué héréditaire du marquisat de Franchimont, et comte du St-Empire, chevalier des ordres du roi, fils de François-Antoine, comte de la Marck, et de Catherine de Valenrode (1).

La comtesse de la Marck mourut de la petite-vérole le 28 janvier 1706.

5° Anne-Henriette-Charlotte de Rohan-Chabot,

---

(1) Cette noble et puissante maison de la Marck, qui tire son nom du comté de la Marck en Westphalie qu'elle a possédé long-temps en souveraineté, a possédé aussi les duchés souverains de Clèves, de Juliers, de Berghes, de Bouillon, de Nevers ou Nivernois, pairie de France, la principauté de Sedan, les hautes siries d'Aremberg (depuis principauté), de Lumain et de Neufchâtel en Ardennes, etc., etc. Elle s'est fondue depuis dans la maison de Ligne-Aremberg par le mariage de Louise-Marguerite de la Marck, restée fille unique et seule héritière de Louis Ingilbert, comte de la Marck

dite Mlle de Léon, née le 18 janvier 1682, mariée par contrat du 10 juin 1710 à Alphonse-Dominique-François, prince de Berghes et de Grimberghen, grand d'Espagne, chevalier de la Toison-d'Or, gouverneur de Bruxelles, brigadier des armées du roi catholique, et gouverneur-commandant de ses gardes-du-corps à cheval dans les Pays-Bas ; mort à Bruxelles le 4 avril 1720. Il était fils de Philippe-François, prince de Berghes, seigneur de Montigny, gouverneur de Bruxelles, et de Jaqueline de Lalain. Mlle de Léon lui apporta en mariage entre autres biens la baronnie de la Bosse en Vexin.

Elle mourut à Paris le 12 mai 1761, à soixante-dix-huit ans, sans laisser de postérité.

6° Françoise-Gabrielle de Rohan-Chabot, dite Mlle de Porhoët, née le 5 octobre 1685, religieuse en l'abbaye de Notre-Dame de Soissons.

7° Julie-Victoire de Rohan-Chabot, née le 3 décembre 1688, religieuse en la même abbaye et depuis prieure de Notre-Dame de Liesse, près Paris ; morte le 10 octobre 1730, à quarante-deux ans.

8° Constance-Éléonore de Rohan-Chabot, née le 14 février 1691, religieuse à Soissons.

---

et de Schleiden, baron de Lumain et Serain, etc., et de Marie-Anne-Hyacinthe de Visdelar de Bienassis, avec Charles-Léopold de Ligne, duc d'Aremberg et d'Arscot, en Pays-Bas. Comme mademoiselle de la Marck était la dernière de son nom, il fut stipulé dans son contrat de mariage avec le duc d'Aremberg, passé au mois de juin 1748, que le second de ses fils et sa postérité porteraient le nom de comte de la Marck, ce qui a été exécuté.

9° Marie-Armande de Rohan-Chabot, née le 4 octobre 1692, d'autres disent le 4 janvier 1695, a fait profession dans l'abbaye de Notre-Dame de Sens, et fut depuis prieure perpétuelle de Notre-Dame-de-Bon-Secours, ordre de St-Benoît, faubourg St-Antoine à Paris. Elle mourut dans son monastère le 29 janvier 1742.

10° Marie-Louise de Rohan-Chabot, née le 24 octobre 1697, prieure de Ste-Scholastique auprès de Troye en Champagne, retirée à l'abbaye du Cherche-Midi, à Paris, où elle est morte le . . . . 1781; elle avait dû épouser le prince de Hornes, frère aîné du trop fameux comte de Hornes qui fut décapité à Paris le 26 mars 1720; mais cet affreux événement et surtout la cause qui l'avait rendu juste rompirent ce mariage.

Toutes ces filles religieuses furent dotées de cinquante mille francs chacune par le testament de leur père. Elles étaient jansénistes, et, ne voulant pas signer la formule, elles refusèrent toutes des abbayes à cette condition, et furent enfin nommées prieures, parce qu'on n'exigea pas d'elles cette signature.

XXIIe DEGRÉ.

Louis-Bretagne-Alain de Rohan-Chabot, vingt-troisième vicomte et quatrième duc de Rohan, pair de France, duc de Roquelaure et du

Ludé, prince, comte et baron de Léon, comte de Porhoët, d'Astarac et de Moret, marquis de Blain et de Biran, baron de Montesquiou et chef des nom et armes de sa maison, premier baron, président né et héréditaire de la noblesse de Bretagne en qualité de prince de Léon, naquit le 26 septembre 1679, et fut tenu sur les fonds de baptême au nom du pays de Bretagne, par une députation des trois ordres des états.

Ses père et mère lui firent donation entre vifs, par contrat du 21 juin 1708, du duché et pairie de Rohan, de la principauté de Léon, du comté de Porhoët et du marquisat de Blain, toutes terres situées en Bretagne, à la charge que les substitutions graduelles, perpétuelles, à l'infini, contenues en ce contrat auront lieu, ce qui a été confirmé par lettres patentes du roi données à Fontainebleau dans les mêmes mois et an, enregistrées au parlement de Bretagne le 9 juillet suivant, et à la chambre des comptes du dit pays, le 14 juillet même année (1); il fut reçu au parlement comme duc et pair le 12 août 1728. Le roi lui donna le gouvernement de la ville de Lectoure, vacant par la mort du duc de Roquelaure, son beau-père, arrivée le 6 mai 1738.

Il porta toute sa vie le nom de prince de Léon, même après la mort de son père, et mourut

---

(1) *Voyez* le père Anselme, Moréri, les registres de la cour du parlement, etc.

le 10 août 1738, dans la cinquante-neuvième année de son âge (1).

Il eut une fille naturelle, religieuse à Saint-Mandé près Paris.

Sa femme fut Françoise de Roquelaure, fille de Gaston-Jean-Baptiste-Antoine, duc de Roquelaure, pair et maréchal de France, marquis de Biran, etc., chevalier des ordres du roi, com-

(1) La maison de Roquelaure en Armagnac est ancienne et illustre par ses grandes possessions, par de belles alliances et de grandes charges. On doit citer, parmi les seigneurs distingués de cette maison, Antoine de Roquelaure, arrière-grand-père de la princesse de Léon. Il était seigneur de Roquelaure en Armagnac, de Gandoux, de Sainte-Crestie, de Mirepoix, de Montbert, et de Longart, baron de Lavardens et de Biran, maréchal de France, grand-maître de la garde-robe du roi, et chevalier de ses ordres. Il fut connu d'abord sous le nom de seigneur de Longart. Jeanne d'Albret, reine de Navarre, qui l'honora de sa bienveillance, lui céda la part qu'elle avait en la seigneurie de Roquelaure, et l'engagea dans le parti du prince son fils, depuis Henri IV, roi de France et de Navarre, qui le combla de biens et d'honneurs après son avénement au trône, en reconnaissance de ses services et de sa fidélité. Le roi Louis XIII le fit maréchal de France en 1615, et depuis il remit dans le devoir les villes de Clérac, de Nérac et quelques autres places qui s'étaient révoltées. Il mourut subitement à Lectoure le 9 juin 1625, âgé de quatre-vingt-deux ans. Son fils, Gaston, duc de Roquelaure, marquis de Lavardens et de Biran, seigneur de Puyguilhem, comte de Gavre de Pontgibaut, chevalier des ordres du roi, gouverneur de Guyenne, servit le roi avec grande distinction, et fut fait duc et pair en juin 1652; il eut pour fils Gaston-Jean-Baptiste-Antoine, duc de Roquelaure, etc., père de la princesse de Léon, qui a donné lieu à cet article. Gaston Ier, duc de Roquelaure, eut aussi une fille nommée Marie-Charlotte de Roquelaure, qui épousa, le 8 mars 1674, Henri-François de Foix de Candale, duc de Foix, pair de France, chevalier des ordres du roi. Elle était propre tante de la princesse de Léon.

Elisabeth de Roquelaure, sœur cadette de la princesse de Léon, fut mariée, le 1er mars 1714, à Charles-Louis de Lorraine, prince de Mortagne, sire de Pons, comte de Marsan, chevalier des ordres du roi, né le 19 novembre 1696.

mandant en chef en Languedoc, et de Marie-Louise de Laval-Montmorency, fille d'Urbain de Laval, marquis de Lézay, et de Françoise de Sesmaisons. Elle épousa le prince de Léon le 29 mai 1708.

La princesse de Léon mourut à Toulouse, où elle était à la poursuite d'un procès, le 5 mai 1741, âgée de cinquante-huit ans.

ILS EURENT POUR ENFANS : 1° Louis-Marie-Bretagne-Dominique de Rohan-Chabot, duc de Rohan, pair de France, qui suit.

2° Louis-François de Rohan-Chabot, dit le vicomte de Rohan, que sa mère fit son légataire universel ; il fut fait mestre de camp d'un régiment de cavalerie de son nom (ci-devant Villars) en juillet 1735 ; dans la même année il fut député des états de Bretagne par la noblesse pour en présenter les cahiers au roi. Il mourut en 1743.

3° Louis-Auguste de Rohan Chabot, baron de Montesquiou en Gascogne, marquis de Vervins en Picardie, châtelain de Voulpais et autres terres, né le 10 août 1722 ; d'abord tonsuré et chanoine du chapitre princier de Strasbourg, où il était appelé l'abbé de Léon, quitta l'état ecclésiastique après la mort de son frère, le vicomte de Rohan, entra dans les mousquetaires et prit le nom de vicomte de Rohan ; le roi lui donna, le 8 de juin 1744, un régiment de cavalerie de son nom (ci-devant Levis Château-Moran) ; ayant apporté à sa majesté les drapeaux pris à la bataille de

Rocoux, où il avait déployé le plus brillant courage, il fut fait brigadier, le 11 octobre 1746, et maréchal de camp le 16 février 1748; il fut député des états de Bretagne pour l'ordre de la noblesse, afin d'en présenter les cahiers au roi en 1750. La comtesse de Jarnac (Henriette-Charlotte de Chabot), sa tante (dont il a été question ci-dessus page 103), lui substitua le comté de Jarnac le 27 mai 1751, à condition pour lui et sa postérité de porter le nom seul et les armes pleines seules de Chabot; et en conséquence le vicomte de Rohan prit le nom de vicomte de Chabot.

Il épousa, le 1er février 1752, Marie-Jeanne-Olympe de Bonnevie, dame du marquisat de Vervins en Picardie, née le 8 septembre 1737.

Il mourut à Paris, de la petite-vérole, le 16 octobre 1753, sans laisser de postérité; sa veuve se remaria depuis, en 1755, à Marie-François-Henri, comte et depuis duc de Coigny, colonel-général des dragons, premier écuyer du roi, gouverneur de Choisy, etc.

4° Marie-Louise de Rohan-Chabot, née le 30 mars 1717. Le maréchal de Roquelaure, son aïeul maternel, lui laissa par testament une somme de cent mille livres.

Elle fut mariée le 8 février 1739 à Daniel-François de Gélas de Voisin d'Ambres, dit le comte de Lautrec, maréchal de France, chevalier des ordres du roi, né en novembre 1686. Il fut d'abord lieutenant-général de la province de Guyenne et inspecteur-général de l'infanterie, puis envoyé extraordinaire près la république de Genève pour la pacification des troubles arrivés dans cet état entre les magistrats et la bourgeoisie, qu'il concilia au nom du roi au gré de tous les partis. Il mourut sans postérité existante, et sa femme mourut à Paris, en son hôtel, rue et barrière d'Enfer, le 11 mars 1784, et fut enterrée le surlendemain 13 dans la chapelle de St-Louis de l'église paroissiale de St-Jacques-St-Philippe-du Haut-Pas, à Paris.

5° Charlotte-Félicité-Antoinette de Rohan-Chabot, née le 4 août 1718, fut mariée, le 28 septembre 1739, avec Pierre-Joseph de Los-Rios, comte de Fernan-Nunès, grand d'Espagne de la première classe, général des galères de sa majesté catholique. Elle partit avec son mari, le 3 octobre suivant, pour rejoindre à Bayonne la princesse Marie-Louise de France, femme de l'infant don Philippe, qui allait en Espagne, et se rendre en ce royaume à sa suite. Le comte de Fernan-Nunès mourut en 1745, et elle mourut le 26 mai 1750, à l'âge de trente-deux ans, à Fernan-Nunès près Madrid.

XXIIIe DEGRÉ.

Louis-Marie-Bretagne-Dominique de Rohan-Chabot, vingt-quatrième vicomte et cinquième duc de Rohan, pair de France, prince, comte et baron de Léon, duc de Lude et de Roquelaure, comte de Porhoët et d'Astarac, marquis de Blain, vicomte de Châlons, baron de Freyney et de St-Loup de Varennes, seigneur de Landivisian, etc., chef des nom et armes de sa maison, premier baron, président né et héréditaire de la noblesse de Bretagne, est né le 17 janvier 1710 et fut tenu sur les fonts de baptême par une députation des états de Bretagne au nom du pays; il se nomma d'abord le comte de Porhoët et prit le nom de duc de Rohan après la mort de son grand-père, le duc Louis, arrivée (comme il est rapporté ci-dessus page 119), la nuit du 17 au 18 août 1727.

Il fut fait colonel du régiment de Vermandois-infanterie, le 20 février 1734, et eut ensuite, le 15 avril 1738, un régiment d'infanterie de son nom, qui était le premier des six petits vieux corps (ci-devant Richelieu); il fut brigadier des armées du roi en février 1743, et quitta le service au mois de janvier 1745, conjointement avec les ducs de Mortemart et de Nivernois, à cause d'un passe-droit qu'on leur avait fait et qu'il ne voulurent pas souffrir. Le duc de Rohan avait servi avec distinction et la plus brillante valeur pendant plusieurs campagnes. Il présida pendant plus de trente ans consécutifs les états de Bretagne, et mourut sans postérité existante à Nice, dans le comté de Nice, où il s'était retiré en 1789, au commencement de la révolution française, le 28 novembre 1791.

Il s'était marié deux fois.

SA PREMIÈRE FEMME FUT Olympe-Rosalie-Gabrielle de Châtillon, de l'illustre maison de Châtillon-sur-Marne (dont il a été question ci-dessus page 44). Elle était fille d'Alexis-Madeleine-Rosalie, duc de Châtillon, pair de France, chevalier des ordres du roi et lieutenant-général de ses armées, gouverneur de M. le Dauphin fils de Louis XV et père de Louis XVI, et de Charlotte de Voisin, dame du palais de madame la Dauphine, au mois de janvier 1745. —Elle naquit le 6 mai 1719, épousa le duc de Rohan le 19 décembre 1735, et mourut le 6 avril 1753.

ILS EURENT POUR ENFANS : 1° Louis-Bretagne-Charles de Rohan-Chabot, appelé le prince de Léon, né le 12 novembre 1747, tenu sur les fonts de baptême par une députation des états de Bretagne au nom du pays, et mort le 27 avril 1757.

2° Gabrielle-Sophie de Rohan-Chabot, appelée mademoiselle de Rohan, née le 27 février 1743, morte le 24 juillet 1757.

LA DEUXIÈME FEMME DU DUC DE ROHAN FUT Charlotte-Emile de Crussol, fille de Charles-Emmanuel de Crussol, duc d'Uzès, premier pair de

France, et d'Émélie de Larochefoucauld. Elle était née le 16 octobre 1732, fut mariée le 23 mai 1758, et mourut à Nice, dans le comté de Nice, le   août 1791, trois mois avant son mari, sans avoir jamais eu d'enfans.

§ V.

SECONDE BRANCHE

DES DUCS DE ROHAN,

Pairs de France.

XXIIe DEGRÉ.

Guy-Auguste de Rohan-Chabot, appelé d'abord le chevalier de Rohan, puis le comte de Chabot, comte de Polduc, de Maillé et de la Marche, vicomte de Bignan, baron de Kerghéénéeck, etc., naquit le 17 août 1683. Il était second fils du duc de Rohan-Chabot, pair de France, et de Marie-Élisabeth du Bec-Crespin-de-Grimaldy; fut nommé mestre-de-camp d'un régiment de dragons de son nom (ci-devant Saint-Hermine) le 3 février 1703, brigadier des armées le 29 janvier 1709, maréchal des camps et armées du roi le 1er février 1719, et lieutenant-général le 20 février 1734. Il mourut, en son hôtel de la place Royale à Paris, le 13 septembre 1760. Il se maria deux fois.

Sa première femme fut Yvonne-Silvie du Breil de Rais, riche héritière de Bretagne, fille de Charles, marquis de Rais, chevalier des ordres de Notre-Dame-de-Mont-Carmel et de Saint-Lazare-de-Jérusalem, et de N..... de Brantonnet, d'une ancienne et noble famille de la même province, où ces deux noms sont fort considérés. Elle épousa le comte de Chabot le 7 février 1729, et mourut à Paris le 15 juillet 1740, âgée de vingt-huit ans, dans la maison de son mari, rue des Filles-Saint-Thomas.

Ils eurent pour enfans : 1° Louis-Antoine-Auguste de Rohan-Chabot, comte et puis duc de Chabot, et ensuite duc de Rohan, pair de France, né le 20 avril 1733... qui suit.

2° Louis-Anne de Rohan-Chabot, né le 11 septembre 1735, mort en 1746.

3° Charles-Rosalie de Rohan-Chabot, vicomte de Chabot, puis comte de Jarnac, né le 9 juillet 1740 (1).

4° Marie-Charlotte-Sylvie de Rohan-Chabot, née le 12 décembre 1729, mariée en premières noces le 7 septembre 1749 à Jean-Baptiste de Clermont-d'Amboise, marquis de Rénel, dit le marquis de Clermont; il était aussi marquis de Monglat,

---

(1) Il a fait la seconde branche des comtes de Jarnac, issus des ducs de Rohan-Chabot. (Voyez ci-après.)

comte de Chiverny, baron de Rupt, seigneur de Delain, bailli et gouverneur de Chaumont, grand-bailli de Provins, lieutenant-général des armées du roi, mort le 18 septembre 1761 (1).

Elle épousa en deuxièmes noces, le mercredi 14 mars 1764, Charles-Juste, prince de Beauveau (2) et de Craon, prince du Saint-Empire, grand d'Espagne de la première classe, d'abord colonel des gardes-lorraines, et successivement lieutenant-général, chevalier des ordres du roi, capitaine des gardes-du-corps, maréchal de France, gouverneur de Provence, mort le 19 mai 1793, le jour de la Pentecôte. Elle mourut à Paris le jeudi 26 mars 1807.

LA SECONDE FEMME DE GUY-AUGUSTE DE ROHAN-CHABOT, COMTE DE CHABOT, FUT Marie-Scholastique-Appoline Howard, sœur de Guillaume Howard, substitué aux nom et armes de Stafford, earl ou comte de Stafford, pair d'Angleterre, etc., de la maison du duc de Norfolk, premier pair et premier duc d'Angleterre. Elle naquit le 20 février 1721, fut mariée au comte de Chabot le 25 mai 1744, et mourut à Londres en 1770.

(1) Le marquis de Clermont avait épousé en premières noces Henriette de Fitz-James, fille de Jacques de Fitz-James, duc de Berwick, maréchal de France, et d'Anne Bulckley, sa femme.

(2) Le prince de Beauveau était veuf aussi lorsqu'il épousa la marquise de Clermont, et avait épousé en premières noces Marie-Sophie-Charlotte de la Tour-d'Auvergne, sœur du duc de Bouillon.

Il était le quatrième fils de Marc, prince de Beauveau, et d'Anne Marguerite de Ligneville, et était devenu aîné par la mort de ses frères aînés sans postérité.

XXIIIe DEGRÉ.

Louis-Antoine-Auguste de Rohan-Chabot, vingt-cinquième vicomte et sixième duc de Rohan, pair de France, prince, comte et baron de Léon, comte de Porhoët et de Polduc, marquis de Blain, comte de Maillé et de la Marche, vicomte de Bignan, baron de Kerghéénéek, etc., devenu chef des nom et armes de la maison par la mort de Louis-Marie-Bretagne-Dominique, duc de Rohan, son cousin-germain, dernier mâle de la branche aînée; premier baron, président né et héréditaire de la noblesse de Bretagne, lieutenant-général des armées du roi, chevalier de ses ordres, né le 20 avril 1733, tenu sur les fonts de baptême par le prince de Léon, duc de Rohan (Louis-Bretagne-Alain, frère aîné de son père) et par la duchesse de Lorges (Marie-Anne-Antoinette de Mesme, femme de Guy de Durfort, duc de Lorges, baron de Quintin, etc.). Il se nomma d'abord le comte puis le duc de Chabot, et prit ensuite le nom de duc de Rohan à la mort de son cousin, chef de la branche aînée. Le duc de Rohan, appelé alors le comte de Chabot, entra au service du roi en l'année 1748 et fit, en Flandre, cette campagne en qualité de cornette au régiment de cavalerie de Rohan (depuis Enrichemont, Descouloubres, etc.); il fut nommé colonel aux grenadiers de France le 25 août 1749, à l'âge de seize ans; colonel du régiment Royal-Étranger-cavalerie en 1756 ; il fit, en cette qualité, les campagnes de 1757, 1758, 1759, se trouva à la bataille de Crevelt en 1758, où son régiment fit des prisonniers; à la bataille de Lutzelberg, dans la même année, étant de détachement aux ordres du maréchal de Fitz-James, du comte de St-Germain et de Chevert; à la bataille de Minden, le 1ᵉʳ août 1759, il chargea deux fois l'infanterie anglaise à la tête de son régiment, et fut blessé d'un coup de fusil au bras; il s'y distingua d'une manière remarquable, ce qui lui valut la croix de St-Louis dans un temps où on ne la prodiguait pas. Il reçut à cette occasion la lettre la plus honorable du maréchal de Bellisle, qui l'appelait *jeune héros*. Mais, dans cette journée, son régiment perdit un si grand nombre d'hommes et de chevaux, tant à la bataille que dans un détachement le même jour, aux ordres du duc de Brissac, qu'il ne fit qu'avec beaucoup de peine, et réduit à moitié, la campagne suivante de 1760, et fut forcé, dans l'hiver de 1761, de rentrer en France pour se refaire et se remonter. — Le duc de Rohan, alors comte de Chabot, se trouva aussi aux affaires de Luynen et de Dillembourg, la première au mois de novembre 1759, la seconde au mois de janvier 1760, sous les ordres du marquis de St-Pern et du marquis de Voyer. Il fut fait brigadier en 1760, — maréchal des camps et armées du roi le 25 juillet 1762, — député de l'ordre de la noblesse des états de Bretagne auprès du roi en 1768, après avoir présidé cet ordre par élection en l'absence du duc de Rohan, son cousin, — lieutenant-général des armées le 5 décembre 1781, — nommé chevalier des ordres du roi le jour de la Pentecôte 1783, et reçu dans la chapelle du château de Versailles le 1ᵉʳ janvier 1784.

Il a été le premier et le seul de la branche de Rohan-Chabot qui ait accepté le cordon bleu (ou l'ordre du St-Esprit), à cause des prétentions des seigneurs de sa maison au rang de prince étranger, qui leur faisait demander l'ordre à l'âge de vingt-cinq ans comme les princes de la maison de Lorraine. (*Voyez* la note 2 ci-dessus, page 22.) En 1790 il sortit de France avec sa belle-fille, alors princesse de Léon et depuis duchesse de Rohan, et se rendit à Bruxelles dans l'intention de rejoindre les princes, que la révolution avait éloignés; mais le déplorable état de sa santé le força de retourner à Paris pour y chercher les secours que nécessitaient ses souffrances, au commencement de 1792; il mourut à Paris le jeudi 29 octobre 1807, dans la soixante-quinzième année de son âge, et fut enterré dans la chapelle du Rocher du château de la Roche-Guyon, appartenant à son fils, le prince de Léon, depuis duc de Rohan; il y fut déposé le lundi 2 novembre 1807, jour des Morts.

Il épousa Élisabeth-Louise de Larochefoucauld, fille de Jean-Baptiste-Louis-Frédéric de Larochefoucauld et de Roye, duc d'Enville, lieutenant-général des armées navales et général des galères de France, mort le 17 septembre 1746 dans une expédition maritime qu'il commandait.

Voltaire dit à ce sujet dans son *Siècle de Louis XIV* : « Le duc d'Enville, chef de la maison
« de Larochefoucauld, fut envoyé avec quatorze
« vaisseaux dans l'Amérique septentrionale pour
« essayer de reprendre le cap Breton ou pour rui-
« ner la colonie anglaise d'Anapolis, dans la Nou-
« velle-Écosse. C'était un homme d'un grand cou-
« rage, d'une politesse et d'une douceur de
« mœurs que les Français seuls conservent dans
« la rudesse attachée au service maritime ; mais
« la force de son corps ne secondait pas celle de
« son âme ; il mourut de maladie sur les rivages
« barbares du Chibocton, après avoir vu sa flotte
« dispersée par des tempêtes. C'est lui dont la
« veuve s'est fait dans Paris une si grande répu-
« tation par ses vertus courageuses et par la cons-
« tance d'une âme forte, etc. »

Cette veuve, mère de la duchesse de Chabot qui a donné lieu à cet article, était Louise-Élisabeth de Larochefoucauld, de la même maison que son mari, née le 16 septembre 1716 ; après la mort du duc Alexandre de Larochefoucauld, son père, elle fut dame du duché-pairie de Larochefoucauld et de celui héréditaire et femelle de la Roche-Guyon, princesse de Marcillac, marquise de Barbezieux, comtesse d'Aubijoux, baronne de Verteuil, d'Enville, de Montignac, d'Estissac, de Cahuzac, de Monclar, de la Terne, la Citerne, le

Pujols, de Luguet, St-Clan-Touviers, Artic, la Tour-au-Bègue, etc., etc., etc.

La duchesse de Chabot (car son mari ne fut duc de Rohan qu'après sa mort) était née le 17 juin 1740, fut mariée le 20 avril 1757, et mourut à Paris, à l'hôtel de Larochefoucauld, rue de Seine, faubourg St-Germain, le 12 décembre 1786, à l'âge de quarante-sept ans. Ses enfans héritèrent, à cause d'elle, de tous les biens de cette branche de la maison de Larochefoucauld après la mort du duc de Larochefoucauld, son frère, qui ne laissa pas de postérité, et de la duchesse d'Enville, sa mère. Elle fut enterrée aux Célestins de Paris, dans la chapelle d'Orléans, sépulture de la famille de son mari.

ILS EURENT POUR ENFANS : 1° Alexandre-Louis-Auguste de Rohan-Chabot, nommé d'abord le comte de Polduc, puis le comte de Chabot, et le prince de Léon, et enfin le duc de Rohan ; né le 3 décembre 1761 ; il suit.

2° Armand-Charles-Juste de Rohan-Chabot, nommé le comte de Chabot, né le 25 juin 1767, à six heures du matin, à l'hôtel de Larochefoucauld, rue de Seine ; tenu sur les fonts de baptême par le duc d'Estissac (de la maison de Larochefoucauld), son grand-oncle maternel, et par la princesse de Beauveau, sœur de son père. Entré comme surnuméraire dans les gardes-du-corps du roi en 1781, breveté capitaine à la suite du même corps en 1785.

Le comte de Chabot, lors des premiers événemens de la grande révolution française, avait partagé les illusions de quelques âmes généreuses dont les espérances furent depuis si cruellement déçues. Désabusé trop tard par les horribles conséquences de cet événement, le comte de Chabot voulut expier son erreur; il se voua tout entier à la défense du roi qu'il ne voulut jamais quitter. On cite à cet égard une anecdote touchante : Louis XVI, qui, dans les derniers temps qui précédèrent le 10 août, appréciait tout le danger que couraient ceux qui étaient restés auprès de lui, engagea fortement le comte de Chabot à s'éloigner, et, pour l'y déterminer, lui cita l'exemple de quelques personnes. « Sire, répondit le comte, « ceux dont vous me parlez n'avaient rien à réparer. » — Arrêté auprès du roi, qu'il avait défendu jusqu'au dernier moment, et transféré le 11 août 1792 à l'abbaye St-Germain-des-Prés, il y fut égorgé lors de l'horrible massacre des prisonniers, dans la nuit du 2 au 3 septembre 1792. Il n'avait pas été marié.

3° Alexandrine-Charlotte-Sophie de Rohan-Chabot, née le mardi 3 octobre 1763, à une heure après midi, à l'hôtel de Rohan-Chabot, place Royale; tenue sur les fonts de baptême par M. le marquis de Rais, son arrière-grand-père, et par Mme la duchesse d'Estissac, sœur de la duchesse d'Enville, sa grand-mère; elle fut mariée, le 28 mars 1780, à Louis-Alexandre de Larochefoucauld, pair de France, prince de Marcillac, etc., son oncle maternel, frère de sa mère ; il fut assassiné à Gisors, dans le Vexin normand, le 4 septembre 1792, à trois heures et demie après midi, par des misérables que les scélérats qui désolaient et souillaient la France de tant de crimes à cette époque avaient envoyés à sa recherche. — Il ne laissa pas de postérité.

XXIVe DEGRÉ.

Alexandre-Louis-Auguste de Rohan-Chabot, vingt-sixième vicomte et septième duc de Rohan, pair de France, prince de Léon, comte de Porhoët, seigneur du duché de la Roche-Guyon, en Vexin français, et de Marouette en Périgord, premier gentilhomme de la chambre du roi, lieutenant-général de ses armées, fut nommé à sa naissance le comte de Polduc, ensuite le comte de Chabot, et prit, au mois de mai 1785, le nom de prince de Léon, d'après le désir du duc de Rohan, son oncle à la mode de Bretagne, qui vivait encore à cette époque et qui, n'ayant plus d'enfans, voulut lui donner le nom et le titre de son fils aîné qu'il était destiné à remplacer. Il naquit le 3 décembre 1761, à trois heures après midi, à l'hôtel de Rohan-Chabot, place Royale, et fut tenu sur les fonts de baptême dans l'église paroissiale de St-Paul, par Louis-Marie-Bretagne-Dominique de Rohan-Chabot, duc de Rohan, son oncle, et par

Louise-Élisabeth de Larochefoucauld, duchesse d'Enville, sa grand'mère maternelle. Le surlendemain de sa naissance son grand-oncle, Charles-Annibal de Rohan-Chabot, comte de Jarnac, et sa femme, Henriette-Charlotte de Chabot, lui firent conjointement le don de la terre de Marouette en Périgord (*voyez* ci-dessus, page 130). Il entra au service le 3 décembre 1776, à l'âge de quinze ans, en qualité de cadet-gentilhomme dans le régiment de Jarnac-dragons, commandé par le comte de Jarnac, frère de son père; il fut fait sous-lieutenant dans le même régiment le 3 décembre 1777 et capitaine à la suite le 3 décembre 1779 dans le régiment de la Sarre-infanterie, commandé par le duc de Larochefoucauld, frère de sa mère, et qui, à cette époque, allait épouser sa sœur; il passa comme capitaine à la suite dans l'été de 1783 au régiment Dauphin-dragons, commandé par M. le comte de Surgères; les capitaines à la suite ayant été réformés à la fin de cette même année, il servit l'année suivante dans les carabiniers de Monsieur. Le 1er mars 1785, ayant vingt-trois ans accomplis, il fut fait colonel en second du régiment d'Artois-infanterie, et à la suppression des colonels en second, en 1788, n'ayant pas encore l'âge exigé par les ordonnances pour être colonel-commandant (1), il fut attaché, au

---

(1) Il fallait avoir, à cette époque, vingt-trois ans accomplis pour être fait colonel en second, et vingt-neuf pour être fait colonel-commandant, en supposant encore que l'on était entré au service à seize ans, et que l'on

mois d'avril de cette année, en qualité de colonel, au régiment de Royal-Piémont-cavalerie, que commandait en chef le duc de Sully (de la maison de Béthune); en 1790 il alla rejoindre à Turin M. le comte d'Artois, dont il fut aide-de-camp; il fit en cette qualité la campagne de 1792; il servit en 1793 et 1794, et au mois de décembre de cette dernière année il fut nommé commandant du rassemblement de la noblesse bretonne et poitevine qui était dans l'île de Jersey; ce corps fut constitué en quatre cadres de régimens formant une division de l'armée royale de Bretagne; il fit ainsi la campagne de la baie de Quiberon et de l'île Dieu, 1795, avec Monsieur, frère du roi. Il avait été nommé maréchal des camps et armées du roi par une commission de l'armée royale en date du 1er juin 1795, nomination confirmée ensuite par le roi ; en 1799, il fut désigné par sa majesté, qui devait alors se rendre à l'armée du Rhin, pour avoir l'honneur de l'accompagner en qualité d'adjudant-général. Au mois de juillet 1800 il revint en France d'après une autorisation spéciale et par écrit de la main du roi, et ne cessa jamais de s'occuper en France des intérêts de S. M., malgré tous les genres de persécution qu'il eut à subir, comme prison, exil, spoliation de fortune, etc. Après la restauration de 1814, le duc de Rohan fut nommé premier

---

avait été fait capitaine à dix-huit, qui était l'âge fixé par l'ordonnance, et avant lequel on ne pouvait prendre ce grade.

gentilhomme de la chambre du roi, à la place du duc de Fleury, mort le 17 janvier 1815, et dont il remplit les fonctions peu de jours après ; il fut fait lieutenant-général le 31 janvier suivant ; lors des cent-jours, il suivit le roi à Gand et l'accompagna à son retour. Il mourut à Paris le 8 février 1816.

Il épousa, le 20 juin 1785, Anne-Louise-Madeleine-Élisabeth de Montmorency, née le 8 juillet 1771, fille aînée d'Anne Léon, duc de Montmorency, premier baron de France et premier baron chrétien, prince d'Aigremon, baron libre de l'empire et des deux Moldaves, comte de Gournay, Tancarville et Cremilly, marquis de Seignelay, Crève-Cœur, Précy, seigneur de Courtalain, de la Brosse, de l'Orient, de Brienne, de Franconville et autres lieux, maréchal des camps et armées du roi, menin du dauphin père de Louis XVI, connétable héréditaire de la province de Normandie, aîné et chef des nom et armes de Montmorency, d'abord connu sous le nom de marquis de Fosseuse, puis duc de Montmorency par son mariage avec Anne-Charlotte de Montmorency-Luxembourg, duchesse de Montmorency, princesse d'Aigremont, marquise de Seignelay, comtesse de Tancarville, de Gournay, de Creuilly, dame de Précy, etc., restée seule héritière du duc de Montmorency, son père, et du maréchal duc de Luxembourg, son grand-père paternel. Madame la duchesse de Rohan, née le 8 juillet 1771, et mariée le 20 juin 1785, dans la chapelle de l'hôtel de Montmorency, rue Saint-Marc, mourut le 20 novembre 1828.

Ils eurent pour enfans : 1° Louis-François-Auguste de Rohan-Chabot, prince de Léon, puis duc de Rohan, sous-lieutenant à la suite des chevau-légers de la maison du roi, avec rang de colonel, né à Paris, à l'hôtel de Larochefoucauld, rue de Seine, faubourg Saint-Germain, le 29 février 1788, tenu sur les fonts de baptême le lendemain de sa naissance, dans l'église paroissiale de Saint-Sulpice, par le duc de Rohan, son grand-oncle à la mode de Bretagne, qui avait aussi été le parrain de son père, et par la princesse de Montmorency, son arrière-grand'mère maternelle (1). Il suivit dans son enfance ses parens émigrés dans les diverses parties de l'Europe qu'ils habitèrent, et dans sa première jeunesse, il voyagea en Suisse et en Italie. Il mérita, par l'énergie et la noblesse de ses sentimens jointes à la plus grande aménité de mœurs, l'estime particulière du pape Pie VII et de beaucoup de nobles étrangers qui

---

(1) Louise-Pauline-Françoise de Montmorency-Luxembourg de Tingry, princesse de Montmorency, dame baronne de l'honneur du Hommel, la Rivière, de Crécy, etc., veuve en premières noces d'Anne-François de Montmorency-Luxembourg, duc de Montmorency, souverain d'Aigremont, marquis de Seignelay, de Blainville, comte de Tancarville et de Gournay, colonel du régiment de Touraine-infanterie, brigadier des armées du roi, et capitaine des gardes-du-corps de sa majesté, en survivance du maréchal duc de Luxembourg, son père, et en secondes noces, de Louis-François, prince de Montmorency.

le traitèrent avec la plus grande considération personnelle dans le cours de ses voyages; à peine revenu dans sa patrie, il éprouva le plus grand des malheurs par la perte de sa jeune et charmante femme (1), qui périt victime d'un affreux accident, le 10 janvier 1815 : étant seule dans sa chambre, le feu prit à ses vêtemens. Elle ne survécut que seize heures à ce cruel événement, et périt dans d'horribles souffrances, supportées avec un courage et une douceur surnaturels. Son corps fut transporté et déposé dans le caveau de la chapelle de la Roche-Guyon. Le prince de Léon partit du château des Tuileries presque en même temps que le roi, le dimanche 19 mars, à minuit; il alla d'abord à Nantes en Bretagne, où il espérait trouver un parti nombreux, et rejoindre dans la Vendée Mgr le duc de Bourbon; mais trouvant cette ville en insurrection contre le roi, sans avoir de moyens de la ramener, il se dirigea

(1) Armandine-Marie-Géorgine de Sérent, née le 2 août 1789, mariée le 2 mai 1808, dans l'église de Saint-Thomas-d'Acquin, fille unique d'Armand-Sigismond-Félicité-Marie, comte de Sérent, colonel du régiment d'Angoulême-infanterie, tué en Bretagne, 1796, dans une honorable mission donnée par *Monsieur*, et de Charlotte-Ferdinande-Marie de Choiseul, et petite-fille d'Armand-Louis de Sérent-Kertili, duc de Sérent, grand d'Espagne, gouverneur des enfans de monseigneur comte d'Artois, frère des rois Louis XVI et Louis XVIII, lieutenant-général des armées du roi, baron de Maletroit en Bretagne, et de Bonne-Marie-Félicité de Montmorency-Luxembourg, duchesse de Sérent, dame d'atours de madame Élisabeth de France, sœur du roi, et depuis dame d'honneur de madame la duchesse d'Angoulême, fille du roi Louis XVI.

La princesse de Léon devait hériter de la grandesse de son grand-père, et de Maletroit, une des neuf grandes baronnies de Bretagne.

vers Bordeaux; il y rejoignit madame la duchesse d'Angoulême, qui l'envoya à Madrid, où il attendit Mgr le duc d'Angoulême, qui l'attacha à son état-major, et le ramena à Paris au mois d'août 1815. A la mort de son père, en 1816, il entra à la chambre des pairs; mais bientôt le duc de Rohan, dont les chagrins n'avaient fait qu'augmenter une vocation ancienne, se voua tout entier à Dieu; il entra au séminaire, dont il suivit les exercices avec une rigoureuse exactitude; admis dans les ordres, il fut d'abord nommé archevêque d'Auch, puis de Besançon; enfin, il fut élevé, en 1830, à la dignité de *cardinal*. A l'époque des événemens de juillet, il se trouvait à Paris; il voulut partir; il fut reconnu et arrêté à Vaugirard, où il courut les plus grand dangers. Rentré en France en 1832, il se consacra aux soins de son diocèse; mais son zèle surpassa ses forces; accablé déjà par la fatigue de travaux multipliés et de prédications nombreuses, il voulut continuer des efforts dont il voyait les heureux résultats; il fut atteint d'une maladie inflammatoire à laquelle il succomba le 8 février 1833, laissant son diocèse dans l'édification de ses vertus épiscopales.

2° Anne-Louis-Ferdinand (dit Fernand) de Rohan-Chabot, dont l'article suit.

3° Louise-Anne-Léopoldine-Cécilia-Léontine de Rohan-Chabot, née à Bruxelles le 12 mars 1791, tenue sur les fonts de baptême, dans l'église de Sainte-Gudule, par le duc de Chabot, depuis duc de Rohan, son grand-père, et la duchesse de Montmorency sa grand'mère.

Elle est morte à Londres dans Harley-Street, n° 32, le 23 avril 1795.

4° Adelaïde-Henriette-Antoinette-Stéphanie de Rohan-Chabot, née à Bruxelles, tenue sur les fonts de baptême, dans l'église de Godemberg, par le duc d'Arenberg (1) et la baronne depuis duchesse de Montmorency sa tante maternelle (2). Elle épousa le mardi 24 novembre 1812, dans l'église de l'Assomption, rue Saint-Honoré, Aimé-Charles-Zacharie-Élisabeth, comte de Gontant-Biron, major dans les gendarmes de la maison du roi.

5° Marie-Charlotte-Léontine de Rohan-Chabot, née à Londres dans Manchester-street, Manchester-squarre, n° 22, tenue sur les fonts de baptême par le comte de Jarnac, son grand-oncle paternel (3), et par la duchesse de Montmorency-Châtillon (4), mariée en 1817 à Marie-Antoine-Camille, marquis de Lambertye, marquis de Gerbeviller, comte de Rhomont, etc.

---

(1) Le duc d'Arenberg Louis-Ingelbert de Ligne, duc d'Arenberg et d'Arscot, prince du Saint-Empire et chevalier de la Toison-d'Or.

(2) Anne-Louise-Caroline de Guyon-Matignon, femme d'Anne-Charles-François, baron de Montmorency, et duc de Montmorency après la mort de son père.

(3) Charles-Rosalie de Chabot, comte de Jarnac.

(4) Anne-Louise-Pauline-Désiré de Lamoy, femme d'Anne-Henri-René-Sigismond de Montmorency-Luxembourg, duc de Châtillon, fils aîné du duc de Luxembourg.

6° Anne-Louise-Zoé-Emma-Clémentine de Rohan-Chabot, née à Munster en Westphalie, le 21 janvier 1800, tenue sur les fonts de baptême par le baron de Keteller d'Harkoten, du nom des anciens ducs souverains de Courlande, et par mademoiselle de Montmorency sa tante maternelle, sœur cadette de sa mère (1); elle fut baptisée dans l'église paroissiale de Saint-Lambert, par le cardinal de Larochefoucauld (2), et mariée en .... à François-de-Sales-Marie-Joseph, comte d'Estourmel, gentilhomme de la chambre du roi, conseiller d'état, etc.

7° Louis-Charles-Philippe-Henri-Gérard de Rohan-Chabot, né au château de la Roche-Guyon, dans le Vexin français, et tenu sur les fonts de baptême, dans la chapelle d'en bas du château, par le prince de Montmorency, frère de sa mère (3), et la duchesse de Larochefoucauld, depuis marquise de Castellane, sœur de son père. Il entra à l'école militaire en 1822, fut nommé en 1824 sous-lieutenant au 6ᵉ régiment de hus-

(1) Anne-Éléonore-Pulchérie de Montmorency, dite mademoiselle de Crécy avant le mariage de sa sœur, appelée depuis mademoiselle de Montmorency, mariée le 20 avril 1801 à Victor-Louis-Victurnien de Roche-Chouart-Mortemart, fils du marquis et neveu du duc de ce nom.

(2) Dominique de Larochefoucauld, de la branche de Langeac-Saint-Ilpice, né dans le diocèse de Mende en 1713, sacré archevêque d'Alby le 29 juin 1747, passé à l'archevêché de Rouen en 1759, et fait cardinal de la sainte église romaine en 1778, mort à Munster, en Westphalie (où il s'était réfugié), le mardi 23 septembre 1800, à l'âge de quatre-vingt-sept ans.

(3) Anne-Louis-Christian de Montmorency, dit de Tancarville, prince de Montmorency, second frère de madame la duchesse de Rohan.

sards; fit, en 1828 et 1829, la campagne de Morée comme officier d'ordonnance du général en chef marquis Maison. Au mois de novembre 1828, il fut chargé d'apporter à Paris les articles de capitulation des places fortes de Morée; il fut alors nommé chevalier de la Légion-d'Honneur, et reçut la mission de porter en Morée le bâton de maréchal, envoyé par le roi au général en chef marquis Maison, et les grâces accordées à l'armée. — Aussitôt après les événemens de juillet 1830, il s'est entièrement retiré du service.

Il a épousé, le 9 novembre 1831, Caroline-Raymonde-Marie-Sidonie de Biencourt. De ce mariage est issue une fille, Élisabeth-Marie-Sidonie-Léontine de Rohan-Chabot, née à Naples le 9 avril 1833.

XXIVe DEGRÉ.

Anne-Louis-Ferdinand, dit Fernand de Rohan-Chabot, comte de Chabot, prince de Léon, aujourd'hui duc de Rohan, chef de nom et d'armes de la maison de Rohan-Chabot, etc., etc., etc., né à Paris, à l'hôtel de Larochefoucauld, rue de Seine, et tenu sur les fonts de baptême par le duc de Montmorency, son grand-père maternel, et la duchesse d'Enville, son arrière-grand'mère, qui avait été aussi marraine de son père. Dans sa première enfance, il suivit, comme son frère aîné, ses parens dans leur émigration, et rentra en

France en même temps que son frère. En 1809, il reçut un brevet de sous-lieutenant au 4ᵉ régiment de cuirassiers, commandé par le prince Aldobrandini Borghèse; les circonstances politiques d'alors et la position de ses parens en France lui ôtèrent la possibilité d'un refus auquel ses sentimens et ses affections l'auraient décidé. Il fit la fin de la campagne de Wagram, celle de Moscou et toute la retraite en 1812; il fit aussi la campagne de Dresde en 1813. — En janvier 1814, il fut fait prisonnier dans la ville de Torgau et renvoyé sur parole; il y était entré comme lieutenant aide-de-camp du comte Louis de Narbonne qui y mourut, et il en sortit chef d'escadron; il rejoignit l'armée française sur le champ de bataille de Brienne, où il reçut de Napoléon la croix d'officier de la Légion-d'Honneur. Après la restauration, il fut fait aide-de-camp de S. A. R. Mgr le duc de Berri, colonel, chevalier de St-Louis, etc.; il était déjà décoré de l'ordre militaire de Bavière. Au moment de la rentrée de Napoléon en France, il suivit avec autant de dévoûment que de fidélité M. le duc de Berri à Gand, Mons, Bruxelles, etc., et rentra en France avec ce malheureux prince, qu'il ne quitta pas jusqu'à sa mort. Après l'assassinat de M. le duc de Berri, et lorsque la maison de M. le duc de Bordeaux fut formée, M. le duc de Rohan, alors prince de Léon, fut d'abord nommé premier aide-de-camp du jeune prince; en 1824 il fut nommé colonel des hussards de la garde; lorsque M. le duc de Bordeaux passa aux hommes, le duc de Rohan fut nommé son premier écuyer; en 1828 il fut promu au rang de maréchal de camp; aussitôt après les événemens de juillet 1830 il se retira entièrement du service.

Il a épousé, le 18 mai 1817, Joséphine-Françoise de Gontaut-Biron de St-Blancard (1). — De ce mariage sont issus plusieurs enfans, aujourd'hui en minorité, et dont l'aîné, Josselin, prince de Léon, a été institué par le cardinal duc de Rohan, son oncle, légataire universel, par testament et codiciles olographes faits à Besançon et à Rome, les 8 avril 1829, 10 février 1830, et 14 septembre 1831.

---

(1) Fille de Charles-Michel, vicomte de Gontaut-Biron de Saint-Blancard, décédé à Toulouse le 6 janvier 1826, lieutenant-général des armées du roi, grand'croix de l'ordre royal militaire de Saint-Louis, et de Marie-Louise-Joséphine de Montant (duchesse de Gontaut en 1827), gouvernante des enfans de France.

§ VI.

SECONDE BRANCHE DES SEIGNEURS

ET COMTES DE JARNAC,

Sortis de la branche de Rohan-Chabot.

XXIIIe DEGRÉ.

Charles-Rosalie de Rohan-Chabot, comte de Jarnac, maréchal des camps et armées du roi, commandant en second des provinces d'Aunis, Saintonge et Poitou, inspecteur et commandant de la quinzième division de cavalerie de l'armée, etc.; nommé d'abord le vicomte de Chabot, puis le comte de Jarnac; troisième fils de Guy-Auguste de Rohan-Chabot, comte de Chabot, et d'Yvonne-Silvie du Breil de Rais, rapportés ci-dessus page 142, naquit le 9 juillet 1740, et fut tenu sur les fonts de baptême par M. le duc de Roche-

Chouart (1) et Mme la duchesse de Rohan, sa cousine-germaine (2). Il fut directement appelé à recueillir la substitution du comté de Jarnac à la mort de son cousin-germain, Louis-Auguste de Rohan-Chabot, d'abord connu sous le nom de vicomte de Rohan, puis ensuite nommé le vicomte de Chabot, décédé le 16 octobre 1753, mais il ne prit le nom de comte de Jarnac qu'après la mort d'Henriette-Charlotte Chabot, comtesse de Jarnac, sa cousine, dernière de la branche aînée et propriétaire du comté de Jarnac. Suivant les clauses de la substitution (rapportées ci-dessus) il ne porta plus alors que les armes simples de Chabot et le nom de Chabot-Jarnac sans l'unir à celui de Rohan, et c'est ce qui fait que la comtesse de Castellane, sa fille du premier lit, née avant qu'il fût investi de la dite substitution, a porté le nom de Chabot, pour qu'il y ait au moins une branche de cette illustre maison qui n'ait pas l'obligation de joindre un nom étranger (quelque beau qu'il soit) au nom antique de sa race.

Le comte de Jarnac, qui dès l'âge de quatorze ans avait servi et fait la guerre avec distinction dans le régiment de son frère aîné le

---

(1) Charles-Auguste de Roche-Chouart, appelé le duc de Roche-Chouart, ensuite duc de Mortemart, pair de France à la mort de son père, décédé en 1746.

(2) Charlotte-Rosalie de Châtillon, fille d'Alexis-Madeleine-Rosalie, duc de Châtillon, pair de France, et de Charlotte Vautrude de Voisin, fille du chancelier de Voisin. Elle épousa, le 19 décembre 1735, Louis-Marie-Bretagne-Dominique de Rohan-Chabot, duc de Rohan, pair de France.

comte de Chabot, depuis duc de Rohan, obtint en 1763 un régiment de dragons de son nom (ci-devant appelé la Feronnaye); il fut fait maréchal des camps et armées du roi le 5 décembre 1781, et commandant en troisième dans les provinces d'Angoumois, Poitou, Saintonge et Aunis, où étaient situées ses possessions; peu de temps après il fut nommé inspecteur et commandant de la quinzième division de cavalerie de l'armée, et était de la promotion de lieutenans-généraux non déclarée par le roi à cause de la révolution en 1789. Il se retira, la même année, avec la permission du roi, en Irlande, où il avait un procès à soutenir pour les intérêts de sa femme. En 1792 il alla rejoindre à Coblentz l'armée des princes et fit à leur suite cette campagne; il fit celle de 1793 et une partie de celle de 1794 comme volontaire à la suite de l'armée anglaise, commandée par S. A. R. M^r le duc d'Yorck, et se trouva aux siéges de Valenciennes, du Quesnoy et de Dunkerque.

Il mourut en Angleterre au mois d'août 1813.

Il se maria deux fois.

IL ÉPOUSA 1° Guyonne-Hyacinthe de Pons, fille de Charles-Philippe de Pons, marquis de Pons-St-Maurice, et de Marie-Charlotte Lallemant de Betz, dame de madame la dauphine mère du roi.

Son mariage avec le comte de Jarnac, qui s'appelait alors le vicomte de Chabot, fut célébré le 17 décembre 1759. Elle mourut en couches au mois de janvier 1761.

Ils eurent pour enfant Adélaïde-Louise-Guyonne de Rohan-Chabot, appelée mademoiselle de Jarnac, née le 18 janvier 1761 et mariée le 18 mai 1778 à Boniface-Louis-André, comte de Castellane, d'une des plus illustres maisons de Provence.

Le comte de Jarnac se remaria en secondes noces le 29 décembre 1776.

Sa seconde femme fut Elisabeth Smith, d'une noble famille d'Irlande.

Ils eurent pour enfans : 1° Louis-Charles-Guillaume de Chabot, nommé le vicomte de Chabot, né à Paris le .... octobre 1780, dont l'article suit.

2° Caroline-Silvie-Elisabeth de Chabot, née à Paris le 4 septembre 1790, morte le 10 avril 1792.

XXIVe DEGRÉ.

Louis-Charles-Guillaume de Rohan-Chabot, vicomte de Chabot, maréchal des camps et armées du roi, aide-de-camp de S. A. R. M^r le duc d'Orléans, depuis Louis-Philippe. Le vicomte de Rohan-Chabot, naturalisé en Angleterre, où il était passé encore enfant à la suite de son père au commencement de la grande révolution francaise, entra au service de cette puissance où il obtint successivement tous les grades jusqu'à celui de colonel de dragons ; il servit avec la plus grande distinction en Hollande, en Portugal, en Espagne et au Canada. Au moment de la restauration et du retour du roi Louis XVIII en France, au mois de mai 1814, il revint en même temps que ce prince, fut aide-de-camp de S. A. R. Mr le duc d'Orléans, et nommé maréchal des camps et armées du roi le 30 décembre 1814. Depuis les événemens de juillet, il a continué à être aide-de-camp de Louis-Philippe. Il a épousé en 1809 lady Isabella Fitz-Gérald, fille du duc de Leinster. — De ce mariage sont issus un fils et deux filles.

§ VII.

SEIGNEURS DE BRION,

Comtes de Charny et de Buzançois.

XVIᵉ DEGRÉ.

Philippe Chabot, comte de Charny et de Buzançois, seigneur de Brion, d'Apremont, de Mirebeau, de Pagny, de Sully, de la principauté de Châtel-Aillon, comte de Newblanck en Angleterre, et pair de ce royaume; amiral de France, de Bretagne et de Guyenne, chevalier des ordres de Saint-Michel, de la Jarretière (1), ministre d'état, ambassadeur extraordinaire, gentilhomme de la chambre du roi, gouverneur et lieutenant-

---

(1) Son épitaphe dit que trois grands rois l'honorèrent du collier de leurs ordres; on sait bien qu'il fut chevalier de Saint-Michel, et que le roi lui permit d'accepter l'ordre de la Jarretière d'Angleterre que lui donna Henri VIII, mais on ignore si le troisième ordre dont il est fait mention était celui de la Toison-d'Or ou bien un autre.

général des provinces de Bourgogne et de Normandie, capitaine de cent hommes d'armes des ordonnances, général en chef des armées du roi en Piémont, si connu dans l'histoire (1) sous le nom de l'amiral de Brion, fut un des favoris de François Ier, et méritait de l'être par ses services et sa naissance. Il était le deuxième fils de Jacques Chabot, seigneur de Jarnac, et de Madeleine de Luxembourg. (Voyez ci-dessus, page 85.) Dès son plus jeune âge (2), il s'attacha au comte d'Angoulême, qui fut depuis le roi François Ier, avec lequel il fut élevé au château d'Amboise, et dont il fut le favori.

Il se distingua d'abord à la bataille de Marignan, en 1515, en combattant vaillamment auprès de ce prince (3); en 1524, il se jeta dans Marseille avec trois mille hommes d'élite et deux cents hommes d'armes qu'il amena aux assiégés, et défendit héroïquement cette place contre tous les efforts de l'armée impériale, commandée par le connétable de Bourbon, en présence de l'empereur Charles-Quint. Le 28 octobre de la même année il fut fait gouverneur du duché de Valois, et en 1525 il fut pris avec le roi à la bataille de Pavie, après avoir fait des prodiges de valeur pour le

---

(1) Œuvres de Sainte-Foy, *ordre du Saint-Esprit;* article de François Chabot, marquis de Mirebeau, comte de Charny, et second fils de l'amiral.

(2) Il était né vers 1494, et était à peu près du même âge que François Ier.

(3) Martin du Bellai, le Laboureur, etc.

sauver. Étant sorti de prison, il fut employé à diverses négociations et ambassades pour la liberté du roi. Il fit, entre autres, le voyage d'Espagne avec la fameuse Marguerite de Valois, duchesse d'Alençon, et depuis reine de Navarre, sœur de François Ier. Cette princesse, qui l'honorait de beaucoup de bienveillance, l'avait choisi pour l'accompagner et la seconder dans cet important voyage, fait pour traiter de la rançon du roi, qui, à son retour en France, lui donna, le 23 mars 1526, la charge d'amiral de France (vacante par la mort de Bonnivet, tué à Pavie), le gouvernement de Bourgogne, la lieutenance-générale de M. le Dauphin dans celui de Normandie, et lui fit épouser sa propre nièce, Françoise de Longwi, fille aînée de sa sœur Jeanne, bâtarde d'Angoulême. Ce mariage le rendit, par la suite, beau-frère de Louis de Bourbon, prince de la Roche-sur-Yon, duc de Montpensier, etc., qui épousa Jacqueline de Longwi, sœur cadette de l'amirale, et, comme elle, nièce du roi. — Le Laboureur, dans ses additions aux Mémoires de Castelnau, dit, en parlant de Philippe Chabot à l'occasion de ce mariage (1) : « Dans la plénitude de sa faveur,
« Louise de Bourbon, comtesse de Montpensier,
« dauphine d'Auvergne, sœur du connétable de
« Bourbon, et veuve de Louis de Bourbon,
« prince de la Roche-sur-Yon, rechercha sa pro-

---

(1) L'abbé le Laboureur, dans ses additions aux *Mémoires de Michel de Castelnau.*

« tection et son alliance par le mariage contracté
« l'an 1533 entre Louis de Bourbon, son fils,
« et Jacqueline de Longwi, sœur cadette de l'a-
« mirale, sa femme, et, comme elle, nièce de
« François Ier, auprès duquel il s'employa si uti-
« lement pour la restitution des biens confisqués
« sur le connétable, que le roi rendit à ce prince
« la Roche-sur-Yon, le duché de Chastellerault,
« le comté de Forest, les seigneuries de Beaujeu
« et principauté de Dombes, et le comté de Mont-
« pensiers, qu'il lui érigea en duché-pairie de
« France, au mois de février 1538. »

Philippe Chabot fut compris au nombre des illustres ôtages que l'empereur demanda pour la garantie du traité d'échange du roi François I^{er}(1), exigeant que l'on remît entre ses mains (jusqu'à l'entière exécution) ou M. le dauphin et M. le duc d'Orléans, son frère, ou bien les douze plus grands capitaines de France, à savoir : les seigneurs de Vendôme, d'Albanie, de St-Pol, le grand sénéchal de Normandie, le baron de Montmorency, Philippe Chabot, seigneur de Brion, et le seigneur d'Aubigny (Robert Stuart) ; la régente ne balança pas un moment et livra ses deux petits-fils, plutôt que de priver la France de pareils soutiens dans une semblable circonstance. — En 1532 il fut envoyé ambassadeur en Angleterre et négocia la fameuse entrevue de François Ier et

---

(1) André Thevet, etc.

de Henri VIII à Boulogne-sur-Mer, où le roi d'Angleterre le décora (du consentement du roi) du collier de l'ordre de la Jarretière, qu'il joignit à celui de St-Michel qu'il avait déjà, et le créa pair d'Angleterre sous le nom de comte de Newblanck (earl of Newblanck). — Martin du Bellai, dans ses Mémoires, rapporte ainsi qu'il suit son admission dans l'ordre de la Jarretière :

« Les choses arrêtées, arriva à Boulogne-sur-
« Mer le roi d'Angleterre, environ le vingtième
« jour d'octobre 1532, auquel lieu il fut reçu
« par le roi et messieurs ses enfans, où, après
« grandes amitiés, fraternités et privautés qui se
« pouvaient faire entre de tels princes à sa récep-
« tion, furent le roi, le dit roi d'Angleterre logés
« tous deux dedans la maison abbatiale de Bou-
« logne, dont la moitié fut départie pour le roi,
« l'autre moitié pour le roi d'Angleterre, son bon
« frère. En ce lieu, le roi donna son ordre de St-
« Michel au duc de Norfolk et au duc de Suffolk,
« comme aux deux étant plus près de la personne
« du roi d'Angleterre ; le dit roi d'Angleterre
« donna son ordre de la Jarretière à messire Anne,
« seigneur de Montmorency, grand-maître et ma-
« réchal de France, et à messire Philippe Chabot,
« seigneur de Brion, amiral de France.... etc. »
En 1535, le roi, à qui le duc de Savoie avait refusé le passage des Alpes, envoya l'amiral Chabot (que l'on appelait Brion), à la tête d'une armée de 30,000 hommes, pour lui faire raison de cette

insulte. L'amiral fit la conquête de la Savoie et de presque tout le Piémont; Turin même se rendit à lui. Le duc de Savoie fut réduit à s'enfermer dans Verceil où l'amiral de Chabot le tenait assiégé. « Mais, dit Brantôme (1), étant au plus beau
« train des dites affaires, il fit une grande faute à
« Verceil, où le trouvant M. le cardinal de Lor-
« raine, que le roi envoyait à Rome et vers l'em-
« pereur pour l'entretenir de la paix et ses excuses
« (il n'était plus temps) de quoi il avait envahy la
« Savoye et le Piémont, lui dit et lui conseilla de
« ne passer point outre de peur d'altérer les
« choses lesquelles il allait traiter. M. l'amiral
« le crut et arrêta son flux de victoire court, en
« quoi il faillit grandement pour un grand capi-
« taine d'ajouter foi si librement à M. le cardinal,
« qui ne lui en montra nul pouvoir du roi, ni si-
« gné de sa main, mais se régla simplement sur
« ce qu'il lui en dit, s'excusant et pensant qu'il
« parlait de la part du roi, envers lequel il avait
« plus de crédit que seigneur de la cour; mais
« M. le cardinal s'excusa après que ce qu'il lui en
« avait conseillé c'était qu'il pensait faire au
« mieux, ne voyant si bien les affaires que me-
« nait M. l'amiral de Brion à l'œil, comme lui,
« et que c'était à les considérer, méditer et peser
« qui les avait en main, non à lui. Tant y a que
« le roi voulut un grand mal au dit sieur amiral,

---

(1) *Mémoires de Brantôme,* tome 1er, page 361.

« pour lui avoir fort débauché ses affaires, qui
« étaient en très-bon état, et d'avoir donné loisir
« à l'empereur de songer aux siennes, et de s'en
« venir aisément projeter et exécuter son voyage
« de Provence. »

L'amiral revint à la cour et y fut reçu très-froidement. Ses envieux profitèrent de ce commencement de disgrâce pour chercher à le perdre entièrement; ils l'accusèrent de concussion dans son gouvernement de Bourgogne et dans sa charge d'amiral. François Ier lui en parla : ses réponses, dit-on, furent très-fières; et quelques jours après, pour marquer qu'il ne craignait pas la recherche de ses actions et toutes les atteintes qu'on tâcherait de donner à sa réputation, il parut dans un tournois avec une nouvelle devise (1) : c'était un ballon en l'air avec cette légende latine : *concussus surgo*. Cette espèce de défi qu'il jetait à ses ennemis (2) d'une manière si noble et si hardie dut les rendre plus acharnés encore. Le roi, continuellement aigri par eux, le fit enfin arrêter, conduire au château de Melun, et nomma pour lui faire son procès des commissaires tirés des différens parlemens, à la tête desquels se mit le chancelier Poyet, homme entièrement dévoué à

---

(1) Sainte-Foy, *Histoire de l'ordre du Saint-Esprit*, article de François Chabot, etc., page 282, tome 6.

(2) Ses ennemis étaient principalement le cardinal de Lorraine et le connétable Anne de Montmorency, son ancien ami et compagnon, qui avait commencé par le craindre et qui avait fini par le haïr.

la faveur et très-prodigue de zèle contre les accusés quand il avait pénétré les intentions de la cour. Il voulait un arrêt de mort, mais il trouva des juges plus scrupuleux qu'il ne l'avait présumé et ne put obtenir qu'un jugement qui condamnait l'amiral, pour quelques prétendues exactions dans ses gouvernemens, et un droit sur la pêche qu'il s'était (disaient-ils) faussement attribué :

A être privé de ses charges et emplois, et à payer une amende de quinze cent mille francs.

François Ier fut fort étonné de la douceur de ce jugement; il s'attendait que l'amiral serait condamné à mort et se réservait le plaisir de lui faire grâce entière. Il sentit qu'un arrêt si doux, dans une telle circonstance, devait être encore injuste, et que le chancelier lui en avait imposé. Il fut confirmé dans ces sentimens par la duchesse d'Étampes, sa maîtresse, qui se souvenait toujours d'avoir aimé l'amiral. François Ier s'attendrit sur le sort d'un aussi grand capitaine, son ancien ami, et qui, après tout, lui avait rendu de très-grands services. Il le fit transférer d'abord au château de Vincennes. Étienne Pasquier, dans ses *Recherches sur la France*, dit que François Ier étant allé se promener dans ce château, entra dans la prison de Chabot et lui dit avec un ton d'ironie qui, dans l'intention du roi, n'était pas si amère qu'elle le paraît au premier coup d'œil : « Vous voilà donc, homme irréprochable, qui vous vantiez que je ne pouvais vous faire faire votre pro-

cès; vous voyez pourtant qu'on vous a justement condamné. — Sire, répondit Chabot, ma prison m'apprend qu'on ne doit jamais se flatter de n'avoir point de tort devant Dieu et devant son roi. Au reste (ajouta-t-il), on n'a jamais pu me convaincre d'infidélité et de félonie envers votre majesté. » Ces paroles frappèrent le roi ; ce fut comme un trait de lumière qui acheva de dissiper le nuage qui lui couvrait les yeux ; il reconnut la méchanceté des ennemis de l'amiral, et résolut de lui donner tous les moyens de prouver son innocence. Il ordonna la révision de son procès et nomma des commissaires en plus grand nombre, dont les premiers ne firent que partie. On demanda à tous ces juges si l'amiral leur paraissait coupable de lèse-majesté. Ils répondirent tous uniformément, et le chancelier à leur tête, qu'il n'avait pas été condamné comme tel. Sur cette réponse, le roi lui fit expédier, le 12 mars 1541, des lettres patentes où il le qualifie « le sieur de Brion, son cher et bien-aimé
« cousin Philippe Chabot, chevalier de son ordre ;
« il le remet en tous ses honneurs, bonne fame et
« renommée, et bien faits, en tous ses biens meu-
« bles et immeubles réunis ou non à sa couronne,
« le quitte de toutes amendes et réparations, et le
« rappelle du banissement, imposant silence per-
« pétuel à son procureur-général. » Cette déclaration du roi n'était au fond qu'une pure grâce, et toute grâce suppose une faute. Chabot ne pouvait souffrir l'idée d'un crime attaché à sa mémoire ; il

voulait une réparation authentique et non une
grâce : il ne se servit de sa liberté que pour solliciter
les moyens de se laver entièrement. Il obtint ce
qu'il désirait : le parlement, à qui il s'adressa, admit sa requête par un arrêt du 23 mars 1542, et déclara son innocence. Pour rendre cet arrêt encore
plus solennel, le roi étant à Bar-sur-Seine, le
29 du même mois, lui fit expédier des lettres d'innocence en plein conseil, dont voici les propres
paroles : « Comme pour extirper et tollir le doute
« et ambiguité de l'avis ou jugement donné sur le
« procès fait par nos commissaires à notre amé
« et féal cousin Philippe Chabot, chevalier de notre
« ordre, comte de Buzançois et de Charny, ami-
« ral de France, de Bretagne et de Guyenne, gou-
« verneur et notre lieutenant-général en Bourgo-
« gne, aussi lieutenant de notre très-cher et amé
« fils le dauphin au gouvernement de Normandie ;
« nous qui, de notre part, n'avons eu suspicion ni
« scrupule, eussions fait appeler de rechef nos dits
« commissaires en la ville de Paris, et pris leur
« advis, et des princes, chevaliers de l'ordre, gens
« du conseil privé, avec le chancelier et notre amé
« et féal conseiller maistre des requêtes de notre
« hôtel, maistre François Olivier, qui est présen-
« tement arrivé des Allemagnes, où l'avons envoyé
« ambassadeur pour nos urgentes affaires, et l'a-
« vons déclaré innocent, etc., par le roi, le dau-
« phin, le duc d'Orléans, le duc d'Estouteville,
« les cardinaux de Ferrare et du Bellay, vous,

« M. le chancelier, le sieur d'Annebaut, maréchal
« de France, le sieur de St-André, chevalier de
« l'ordre, et maistre François Olivier, conseiller
« du privé-conseil, présent Bayart. »

Avec ces lettres, le roi lui en donna d'autres du même jour par lesquelles, « en considération
« des services de son dit cousin, mêmement à la
« répulsion de Charles de Bourbon qui avait assiégé
« Marseille, du recouvrement de ses chers et bien-
« amés fils, et de plusieurs lieux et places fortes,
« ambassades, voyages, etc., tant envers l'état
« qu'envers lui dès son jeune âge, et pour sa réduc-
« tion pendant son absence en Espagne, il supprime
« toutes offenses, confiscations, amendes, etc., et
« le reprend en sa grâce; » le tout vérifié au parlement le 5 avril de la même année 1542.

Le rétablissement de Philippe Chabot donna un nouvel exemple du flux et reflux de la cour; Anne de Montmorency, connétable de France, qui n'était pas son ami parce qu'ils étaient rivaux, en fut éloigné, et le chancelier Poyet, qui croyait avoir assuré sa fortune par la complaisance qu'il avait toujours eue pour le roi en tout ce qui dépendait de sa charge, tomba lui-même dans la recherche et dans la honte du crime de concussion, duquel il avait voulu convaincre l'amiral. Celui-ci rentra en crédit comme auparavant (1), mais si les rois peuvent tout pour la restauration

---

(1) Sainte-Foy reproduit la note de la page 173. — Brantôme, *Histoire des grands capitaines*.

des fortunes, il y a d'autres maux qu'ils ne peuvent guérir. L'amiral de Chabot l'éprouva. Son âme noble et fière ne put jamais se relever du coup que lui porta la condamnation injuste qui l'avait frappé, et dont sa réhabilitation si solennelle ne put détruire l'effet. Il ne jouit pas longtemps de son triomphe, et mourut dans son hôtel, rue du Roi-de-Sicile, le 1ᵉʳ juin 1543. Le roi, pour honorer sa mémoire et en considération de l'alliance qu'il avait avec la maison d'Orléans et d'Angoulême à cause de sa femme, ordonna qu'il fût enterré dans la chapelle d'Orléans, en l'église des Célestins de Paris, où son fils, Léonor Chabot, comte de Charny, grand-écuyer de France, lui fit ériger un superbe monument où l'on voit sa statue en marbre blanc, à demi-couchée sur un tombeau de marbre noir. Plusieurs princes du sang, nombre de grands seigneurs, le parlement en corps, en robe rouge, et toutes les cours souveraines assistèrent à son service (1).

Il donna quittance, le dernier décembre 1516, à Jean de Pons, trésorier des guerres du roi, de 150 livres pour quartier d'avril dernier passé,

---

(1) Son oraison funèbre, prononcée par Pierre Doré, dominicain, a été imprimée en 1543 sous le titre de *Déploration de la vie humaine*. On peut voir dans le sixième livre des *Recherches* d'Étienne Pasquier, des détails sur le *procès extraordinaire fait à l'amiral Philippe de Chabot*, et consulter le Laboureur, Sainte-Foy, Brantôme, et aussi les deux volumes in-folio qui existent à la bibliothèque royale de Paris, sous les numéros 8591 et 8592, qui forment le recueil manuscrit des lettres de l'amiral de Brion, écrites en 1525.

de son état de capitaine de cinquante lances fournies des ordonnances, scellée de ses armes. On en trouve encore une autre du 7 avril de la même année. Il se qualifie gentilhomme de la chambre du roi, ayant la charge de quarante lances fournies des ordonnances, dans la quittance qu'il donna à Jean Poucher, trésorier des guerres, de 120 livres, pour son état de capitaine du quartier d'octobre dernier; elle est du 22 août 1517 et scellée de ses armes en placard. Le roi le pourvut du gouvernement du duché de Valois le 28 octobre 1524, de la charge d'amiral de France, et du gouvernement de Bourgogne, par lettres données à Acqs le 23 mars 1525. Il donna quittance en ces dernières qualités à Pierre Apestégui, trésorier des guerres, de la somme de 26,500 livres tournois, à lui ordonnées par le roi en faveur de son mariage; elle est du 24 juin 1527, et scellée de ses armes en bannière avec le collier de l'ordre de St-Michel. Il acquit en 1527, de Réné de Prie, chevalier, baron de Buzançois, pannetier du roi, la terre de Buzançois en Berry, qui fut érigée en comté en sa faveur, par lettres patentes du roi, données à Marseille au mois de novembre 1533, enregistrées au parlement de Paris le 2 mars suivant, à la charge de ressort et d'hommage à Françoise de Maillé, dame de Châteauroux. — La princesse d'Orange, Philiberte de Luxembourg, sa grand'tante, lui donna, en 1534, le comté de Charny en Bourgogne par donation entre vifs. Il acquit, le 28 mars 1541, la principauté de Chatel-Aillon et la seigneurie de Sully (depuis duché-pairie) de François d'Orléans, marquis de Rothelin, comte de Neufchâtel, prince de Chatel-Aillon, etc.

Il épousa Françoise de Longwy, dame de Pagny et de Mirebeau en Bourgogne, nièce du roi François Ier, mariée par contrat du 10 janvier 1526, fille aînée et héritière de Jean de Longwi, seigneur de Givry, et de Jeanne d'Angoulême, sœur naturelle du roi. Sa sœur cadette, Jacqueline de Longwy, épousa en 1534 Louis de Bourbon, prince de la Roche-sur-Yon et duc de Montpensier; elle eut en dot la somme de 60,000 livres dont le roi fournit même 50,000; elle renonça, en faveur de sa sœur aînée, femme de l'amiral Chabot, à tout droit de succession de ses père et mère. Après la mort de l'amiral, Françoise de Longwy prit une seconde alliance avec Jacques de Pérusse, seigneur d'Escars, fils de Geoffroy de Pérusse, seigneur d'Escars, et de Françoise d'Arpajon.

Ils eurent pour enfans: 1° Léonor Chabot, comte de Charny, etc., qui suit.

2° François Chabot, marquis de Mirebeau, seigneur de Brion, mentionné ci-après page 187.

3° Francoise Chabot, marié, par contrat du 1er décembre 1545, à Charles de Larochefoucauld, baron de Barbezieux, fils d'Antoine de Larochefoucauld, seigneur de Barbezieux, et d'Antoinette d'Amboise.

4° Antoinette Chabot, mariée à Antoine d'Aumont, comte de Châteauroux, maréchal de

France, fils de Pierre d'Aumont, seigneur d'Estrabonne et de Cors, et de Françoise de Sully.

5° Anne Chabot, qui fut dame de la reine Marie-Stuart, femme du roi François II, en 1559, et de Marguerite de France, fille du roi Henri II, en 1562 jusqu'en 1570. Elle fut mariée, par contrat du 18 janvier 1559, à Chartes d'Hallwin, duc et pair de France, fils d'Antoine d'Hallwin, seigneur de Maiguelais, et de Louise de Gouffier.

6° Jeanne Chabot, abbesse du Paraclet; elle embrassa la religion prétendue réformée, et garda cependant son abbaye, où elle mourut, y entretenant toujours le service divin sans y assister.

XVIIe DEGRÉ.

Léonor Chabot (1), comte de Charny et de Buzançois, seigneur de Pagny, de Mirebeau, de Fontaine-Française, de Châteauneuf, de Longwi, Neufchâtel, Montagu, Amancé, Montrond, Fondrement, Bourguignon, Pousson, Lannoncourt, Oigny, Raon, Givry, Tavel, Binan, Beauvernois, de la principauté de Chatel-Aillon, chevalier de l'ordre du roi (2), grand-écuyer de France, nommé chevalier de l'ordre du Saint-Esprit à son institution, en 1578, capitaine de cent hommes d'armes des ordonnances, membre du conseil

---

(1) *Preuves de l'histoire de la maison de Vergy*, par André Duchesne.

(2) Il fut créé chevalier de Saint-Michel par le roi Charles IX, à Saint-Germain-en-Laye, le 7 décembre 1561, le matin. Il était pour lors absent

d'état et privé, sénéchal héréditaire du duché de Bourgogne, lieutenant-général, pour sa majesté, au gouvernement du dit pays.

Il sauva, par sa probité et son courage, tous les huguenots du pays de son commandement du massacre de la Saint-Barthélemy, le 24 août 1572, et répondit que « *l'ordre qu'il avait reçu d'exécu-*
« *ter un tel crime ne pouvait avoir été donné*
« *par le roi, et qu'il croyait le servir en le préser-*
« *vant du remords que lui donnerait une telle*
« *obéissance.* » Il rendit de grands services au roi Henri III, qu'il servit avec une grande valeur et un zèle infatigable. Il était capitaine d'une compagnie de cinquante lances des ordonnance du roi dès le 2 novembre 1557, qu'il donna quittance à Jean Gauthier, trésorier des guerres, de 225 l., par forme d'avance, pour son état de capitaine, d'un demi-quartier sur le premier qui lui serait dû; il en donna une autre le 28 avril 1560, en qualité de capitaine de trente lances des ordonnances, à François Pascal, trésorier des guerres, de 450 liv. pour son quartier d'octobre 1559, et sur toutes deux est son sceau en cire rouge à plat,

---

pour le service du roi. (Voyez les *Mémoires de Castelnau*, tome 1ᵉʳ, page 369.)

Dans les *Mémoires de la vie du maréchal de Vieilleville*, cette promotion est marquée en l'année 1555, et il est dit que le comte de Charny et Henri-Robert de la Marck, duc de Bouillon, qui fut fait chevalier de l'ordre le même jour, étaient encore fort jeunes. M. de Bouillon avait seize ans, étant né le 7 février 1539. On ignore au juste l'époque de la naissance du comte de Charny, mais sa mère se maria en 1526, et fut plusieurs années sans avoir d'enfans

écartelé au premier et au quatrième trois chabots ; au deuxième, un lion qui est Luxembourg; au troisième, une étoile à plusieurs rais, qui est Beaux; une couronne de comte sur le tout. Il avait été fait grand-écuyer de France en 1570, et il fit passer sa charge, en 1582, à son gendre, Charles de Lorraine, duc d'Elbeuf.

Il mourut au mois d'août 1597 ; il s'était marié deux fois.

SA PREMIÈRE FEMME FUT Claude de Gouffier, mariée par contrat du 15 février 1549, fille aînée de Claude Gouffier, duc de Rouannes, et de Jacqueline de la Trémoille.

ILS EURENT POUR ENFANS : 1° Catherine Chabot, comtesse de Buzançois, première femme de Guillaume de Saulx, comte de Tavannes, fils de Gaspard de Saulx, maréchal de France, et de Françoise de la Beaume de Montrevel. Elle se maria le 18 octobre 1576; elle mourut, âgée de quarante-huit ans, au mois de juillet 1609, et fut enterrée dans la chapelle des Trois-Rois de la paroissse d'Arc-sur-Til en Bourgogne, où se voit son épitaphe.

2° Charlotte Chabot, mariée en 1578 à Jacques le Veneur, comte de Tillières, fils de Tanneguy le Veneur, premier comte de Tillières, chevalier des ordres du roi, et de Madeleine de Pompadour. Elle mourut en 1606.

SA SECONDE FEMME FUT Françoise de Rye, dame du dit lieu, et de Longwi, Neufchâtel, Montagu, Amancé, Montrond, Fondremont, Bourguignon,

Pousson, Lannoncourt, Choix, Oigny, Raon, Givry, Tavel, Binan, Beauvernois, etc., fille unique de Joachim, seigneur de Rye, chevalier de la Toison-d'Or, colonel-général de la cavalerie légère de l'empereur Charles-Quint, et d'Antoinette de Longwi, dame de Givry.

Ils eurent pour enfans : 1° Marguerite Chabot, dame et comtesse de Charny par la mort de Jacques Chabot, son neveu à la mode de Bretagne; elle épousa, au mois de février 1583, Charles de Lorraine (Ier du nom), duc d'Elbeuf, fils de Réné de Lorraine, marquis d'Elbeuf, et de Louise de Rieux, comtesse d'Harcourt (1).

Elle mourut à Paris, dans l'hôtel d'Elbeuf, le

---

(1) Marguerite Chabot avait d'abord été accordée avec le duc de Joyeuse (Anne de Joyeuse, d'abord appelé le vicomte d'Arques). On trouve à ce sujet, dans le *Journal d'Henri III* (1), la note suivante : « Pour sou-
« tenir sa faveur (d'Anne de Joyeuse), il suivit l'année d'après (1582) le
« maréchal de Matignon au siége de Lafère, où il se distingua, et y eut sept
« dents cassées d'une mousquetade. Le roi voulut récompenser sa bravoure
« en érigeant la vicomté de Joyeuse en duché-pairie, et lui donnant le pas
« sur les autres ducs plus anciens. Par ordre du roi, il rompit sa promesse
« de mariage avec Marguerite Chabot, très-riche héritière, pour épouser
« Marguerite de Lorraine, sœur de la reine, Louise de Vaudemont, à la-
« quelle le roi assigna la même dot qu'on donne aux filles de France, qui est
« de trois cent mille écus d'or. »

Dans le même *Journal d'Henri III*, on trouve encore un peu plus bas, page 386, l'article suivant : « Le dimanche 13 février 1583, en l'hôtel de
« Guise, fut fait le festin du mariage de Juste-Louis, seigneur de Tournon,
« comte de Roussillon, avec la demoiselle de Larochefoucauld, auquel le
« duc de Guise n'assista point parce qu'il partit de Paris le matin pour al-
« ler aux noces du duc d'Elbeuf, son cousin, qui épousait la fille aînée de
« Léonor de Chabot, comte de Charny, grand-écuyer de France. »

(1) Tome 1er, page 329.

29 septembre 1652, âgée de quatre-vingt-sept ans, et fut enterrée dans l'église collégiale de Saint-Louis de la Faussaye, près d'Elbeuf.

2° Catherine Chabot, mariée à Claude de Vergy (IIe du nom), comte de Champlite, nommé chevalier de la Toison-d'Or en 1599, fils de François de Vergy, comte de Champlite, et de Claudine de Pontarlier, sa première femme. Elle avait épousé Claude de Vergy, comte de Champlite, dans le château de Pagny en Bourgogne, appartenant à son père, le mardi 21 août 1584. « A l'assistance
« (est-il dit dans le contrat rapporté aux preuves
« de l'histoire de la maison de Vergy), à l'assis-
« tance de très-illustre et très-puissant prince
« Charles de Lorraine, duc d'Elbeuf, son beau-
« frère, et de très-haut et puissant seigneur messire
« François Chabot, marquis de Mirebeau, che-
« valier de l'ordre du roi, conseiller en son con-
« seil privé, et capitaine de soixante hommes
« d'armes de ses ordonnances, etc., son oncle;
« en présence de révérend père en Dieu Nicolas
« Boucherat, abbé de Cîteaux, François de la
« Moricière, seigneur de Vicques, lieutenant de
« cent hommes d'armes des ordonnances du roi,
« sous la charge et conduite du dit sieur grand-
« écuyer; François de Damas, seigneur et baron
« de Thianges, guidon de cent hommes d'armes,
« sous la charge et conduite du dit sieur duc
« d'Elbeuf; Melchior de Montessus, seigneur du
« dit lieu d'Escuel; Pontdeveaux, capitaine et

« gouverneur pour le roi en la citadelle de Châ-
« lons; Guy de Pardessus, écuyer, seigneur de
« Nénon, maître d'hôtel du dit sieur grand-
« écuyer; messire Jean Marmier, chevalier, sei-
« gneur de Castel-Longuy; Bétoncourt, capitaine
« et gouverneur de la ville de Gray; Gaspart de
« Mont-Saint-Liger, seigneur du dit lieu de Vil-
« legueudy-Leuresey; et messire Pierre de Gra-
« çant, seigneur de Rancourt, chevalier, lieu-
« tenant en la garde de Besançon. »

Catherine Chabot mourut sans postérité en 1588, quatre ans après son mariage.

3° Françoise Chabot fut la première femme de Henri Hurault, comte de Chiverny, fils de Philippe Hurault, comte de Chiverny, et d'Anne de Thon; elle fut mariée aussi à Pagny, en Bourgogne, le 27 février 1588, et mourut de mort violente, sans enfans, en 1602.

4° Léonore Chabot, mariée en 1598 à Christophe de Rye, marquis de Varembon, comte de Varax, chevalier de la Toison-d'Or, bailly de Dôle, colonel de l'infanterie de Bourgogne pour le roi d'Espagne, au Pays-Bas, fils de Philibert de Rye, comte de Varax, et de Claudine de Tournon.

ENFANS NATURELS DE LÉONOR CHABOT, COMTE DE CHARNY, ET D'ÉTIENNETTE TESSARD : 1° Françoise, bâtarde de Charny, mariée à Jean-Baptiste de Vidal, seigneur de Consilles, en Châlonnais.

2° Marguerite, bâtarde de Charny.

§ VIII.

MARQUIS DE MIREBEAU.

XVIIᵉ DEGRÉ.

François Chabot, marquis de Mirebeau, comte de Charny (1), vicomte de Lugny, souverain de Chaume, baron de Chaumon, de Charoux et de Fontaine-Française, seigneur de Brion, et connu long-temps sous ce dernier nom, chevalier des ordres du roi (2), gentilhomme de sa chambre, capitaine de soixante hommes d'armes de ses ordonnances, conseiller en son conseil privé, second fils de Philippe Chabot, amiral de France, et de

---

(1) Il obtint le comté de Charny après la mort de son frère Léonor par arrêt du parlement, comme sujet à reversion, faute d'hoirs mâles, en vertu d'une substitution. — Le comté de Charny ne revint à la duchesse d'Elbeuf, fille de Léonor, qu'en 1644, après la mort, sans enfans, de Jacques Chabot, son neveu à la mode de Bretagne, fils de son cousin-germain.

(2) On appelle les chevaliers du Saint-Esprit chevaliers des ordres du roi, parce qu'ils le sont aussi de l'ordre de Saint-Michel. — François Chabot fut reçu chevalier des ordres du roi, le 31 décembre 1585, dans l'église des Grands-Augustins à Paris.

Françoise de Longwy (voir ci-dessus, pag. 180) :
« Dès que la guerre commençait (rapporte Sainte-
« Foy dans son *Histoire de l'Ordre du Saint-Es-
« prit*), il se rendait à l'armée, y servait avec tout
« le zèle et toute l'exactitude possible, n'en par-
« tait que des derniers, retournait dans ses terres,
« et ne paraissait que rarement à la cour. L'exem-
« ple de son père, l'amiral Chabot, l'avait trop
« frappé; il ne voulait ni charges ni dignités :
« L'envie, disait-il, en suit toujours le don, et
« peut parvenir à les faire ôter, avec oppro-
« bre, à l'homme le plus innocent. » Il donna
quittance, en qualité de seigneur de Brion, guidon de la compagnie du duc d'Aumale, à François
Paschal, trésorier des guerres, le 1ᵉʳ juin 1558,
de 150 liv., pour son état du quartier de janvier
passé; se qualifie chevalier, seigneur de Brion,
gentilhomme du roi, et guidon de la compagnie
de quatre-vingts lances sous le duc d'Aumale, dans
une quittance donnée au même François Pascal, de
150 liv., pour son autre quartier de juillet 1559.
Cette quittance du 17 novembre 1560 est scellée,
comme la précédente, en cire rouge et écartelée au
premier et quatrième de Chabot, au deuxième
de Luxembourg, au troisième de Beaux, avec
une couronne de comte sur l'écu. Il en donna
une troisième, le 27 janvier 1563, au même
trésorier des guerres, et sous les mêmes qualités, de 225 liv., pour son quartier d'avril passé.
Elle est écartelée au premier et quatrième, comme

ci-dessus ; au deuxième et troisième, une bande sur l'écu, une couronne de comte sur le tout.

Il se maria deux fois.

Sa première femme fut Françoise, dame de Lugny, fille et héritière de Jean, seigneur et vicomte de Lugny, en Mâconnais, et de Françoise de Polignac. Cette très-noble et très-illustre maison s'est éteinte dans sa personne. Il existe un vieux proverbe en Bourgogne qui dit : *Il n'est pas d'oiseau de bon nid qui n'ait plume de Lugny.*

La terre de Lugny avait le titre de vicomté.

Ils eurent pour enfant Catherine Chabot, vicomtesse de Lugny, mariée, le 14 janvier 1579, à Jean de Saulx-Tavannes, vicomte de Lugny par son mariage, troisième fils de Gaspard de Saulx, maréchal de France, et de Françoise de la Beaume-Montrével : Jean de Saulx était frère cadet de Guillaume de Saulx, comte de Tavannes, qui avait épousé Catherine Chabot, comtesse de Buzançois, cousine germaine de Catherine Chabot, sa femme.

Elle mourut en 1587.

La deuxième femme de François Chabot, marquis de Mirebeau, fut Catherine de Silly, fille de Louis de Silly, seigneur de la Roche-Guyon, et d'Anne de Laval, et propre tante de François de Silly, grand louvetier de France, pour lequel la terre de la Roche-Guyon fut érigée pour la première fois en duché-pairie, au mois de janvier 1621.

Elle se maria le 25 décembre 1565.

Cette maison de Silly, éteinte dans la personne de ce premier duc de la Roche-Guyon, était une des plus nobles et des plus illustres de la Normandie, ancienne, bien alliée, et ayant possédé de grandes charges et de très-belles et riches terres.

Ils eurent pour enfans : 1° Jacques Chabot, marquis de Mirebeau, qui suit.

2° Henri Chabot, seigneur de Fontaine-Française, mort sans alliance.

3° Léonor Chabot, seigneur de Brion, mort sans enfans de Diane de Marmier, sa femme, fille de Clériadus de Marmier, baron de Talmey, menin de l'infante Isabelle, chevalier d'honneur au parlement de Dôle, et de René de Pontallier.

4° François Chabot, chevalier de Malte.

5° Charles Chabot, religieux et chambrier de l'abbaye de St-Bénigme de Dijon, et en cette qualité seigneur de Messigny, Saussy et Savigny, et prieur de Fontaine-Française ; il mourut le 29 janvier 1624 ; il fut enterré dans la paroisse de St-Vallier de Messigny, au pied du balustre du grand autel, près la chapelle de St-Sébastien, sous une tombe de marbre noir où se voient ses armes ; au premier et quatre, trois chabots ; au deuxième, un lion pour Luxembourg ; au troisième, une étoile à seize rais pour Beaux, avec un casque chargé de ses lambrequins et surmonté d'une hure de sanglier.

6° Charles Chabot, seigneur et comte de Charroux; gentilhomme ordinaire de la chambre du roi, mort avant son frère aîné.

Il épousa Françoise Bernard de Montessus, fille unique d'André Bernard de Montessus, seigneur de Soirans, Vitrey et de la Vesvie, chevalier de l'ordre du roi, gentilhomme ordinaire de sa chambre, et de Catherine Faulquier, d'une ancienne et noble famille de Franche-Comté. Elle mourut en 1659, et avait été mariée à Charles Chabot, comte de Charroux, par contrat passé au château de Soirans le 12 avril 1616, en présence de plusieurs seigneurs du nom de Chabot, pardevant François Huenot, notaire royal (1).

Ils eurent pour enfans : 1° Jacques Chabot, comte de Charny après la mort de son oncle Jacques, et mort lui-même sans enfans en 1644.

2° Marguerite-Françoise Chabot, dame de Charroux, mariée à Henri, comte de Bonneval, et morte en 1654.

3° Marie-Charlotte Chabot, religieuse à Notre-Dame de Soissons.

4° Marie-Catherine Chabot, décédée jeune.

(1) Paillot, dans son livre de la *Parfaite science des armoiries*, imprimé à Paris en 1661, dit, page 650, qu'il y eut procès entre MM. de Beaufremont et dame Françoise-Bernard de Montessus, comtesse de Charroux, etc., comme tutrice de Jacques Chabot, son fils, au sujet de la substitution du comté de Charny, et qu'en 1632, arrêt fut rendu au parlement de Grenoble, qui, sur les écritures du dit Palliot, adjugea ce comté à dame Françoise-Bernard de Montessus, comme représentant son fils. Marguerite Chabot, duchesse d'Elbeuf, ne le posséda qu'après la mort de Jacques, décédé jeune et sans postérité en 1644. La comtesse de Charroux est enterrée en la Sainte-Chapelle de Dijon, où l'on voit son épitaphe, auprès de Jacques Chabot, son fils.

7° Anne Chabot, femme de Henri, baron de Fours.

XVIIIe DEGRÉ.

Jacques Chabot, marquis de Mirebeau, comte de Charny et conseiller du roi en tous ses conseils, gentilhomme ordinaire de sa chambre, chevalier de ses ordres, mestre de camp du régiment de Champagne, lieutenant-général du gouvernement de Bourgogne (1). « Après le combat de « Fontaine-Française, le 15 juin 1595, Henri IV « écrivit au parlement de Paris que n'ayant avec « lui que 200 hommes, il avait empêché, sans « aucun ruisseau entre eux deux, une armée « de 12,000 hommes d'entrer dans le royaume. « Pierre Mathieu rapporte que ce prince prenant « le marquis de Mirebeau par le bras, lui dit : « *Marche la Mirebeau!* qu'il se précipita sur les « ennemis et terrassa ou mit en fuite tout ce qu'il « rencontra. » Le 4 avril 1586 il donna quittance à Claude de Montescot, trésorier-général de la maison du roi, de 200 écus sols pour ses gages de gentilhomme de la chambre du quartier de janvier. Son scel est, au premier et au quatre, trois chabots posés deux et un; au deuxième, un lion; au troisième, une étoile à plusieurs rais. Il reçut le collier des ordres du roi dans l'église de St-Ouen, de Rouen, le 15 janvier 1597, à l'âge de vingt-huit

(1) Sainte-Foy, *Histoire de l'ordre du Saint-Esprit.*

ans. Il assista vaillamment le roi Henri IV dans toutes ses guerres; il était avec lui, dans sa voiture, quand ce grand roi fut assassiné par Ravaillac, dans la rue de la Féronnerie, à Paris, le 14 mai 1610. Il mourut d'apoplexie, en Bourgogne, le vendredi-saint 29 mars 1630, et fut enterré dans la Sainte-Chapelle de Dijon.

Il se maria deux fois.

Sa première femme fut Anne de Coligny, dame de Taulay, fille de François de Coligny, seigneur d'Andelot, colonel-général de l'infanterie française, et d'Anne de Salut, et nièce du fameux amiral de Coligny, tué à la St-Barthélemi.

On croit généralement que la maison de Coligny vient des anciens comtes de Bourgogne depuis le dixième siècle (1).

Ils eurent pour enfans : 1° Charles Chabot, comte de Charny, qui suit.

2° Catherine Chabot, mariée le 25 juillet 1615 à César-Auguste de St-Larry de Bellegarde, baron de Termes et de Montbar, d'abord chevalier de Malte, puis grand-prieur d'Auvergne, ensuite écuyer du roi sous le nom de baron de Termes, enfin grand-écuyer de France sur la démission de son frère, le duc de Bellegarde, chevalier des ordres du roi, le 31 décembre 1619. Il mourut d'une blessure qu'il reçut au bras au siége de Clérac, le 22 juillet 1621, très-regretté de la cour,

---

(1) Voyez Moréri, article Coligny.

et fut enterré aux jésuites de Dijon. Il était second fils de Jean de St-Larry, baron de Bellegarde, et d'Anne de Villemur.

La seconde femme de Jacques Chabot, marquis de Mirebeau, fut Antoinette de Loménie, fille d'Antoine de Loménie, seigneur de la Ville-aux-Clercs, secrétaire d'état, et d'Anne d'Aubourg. Elle se maria en 1622 et mourut sans postérité le 4 juin 1638.

XIXe DEGRÉ.

Charles Chabot, comte de Charny, mourut avant son père, en 1621, étant au service du roi, et sans laisser de postérité.

Il épousa Charlotte de Castille, fille de Pierre de Castille, contrôleur-général, intendant des finances, et de Charlotte Jeanin.

§ XI.

SEIGNEURS DE LA TURMELIÈRE

ET DE LIRÉ.

XIe DEGRÉ.

Guillaume Chabot, second fils de Thibaut (VIIe du nom), seigneur de la Grève, et de N. de Machecoul (mentionnés ci-dessus, page 69).

IL ÉPOUSA Isabeau des Essarts.

ILS EURENT POUR ENFANS : 1° Guillaume Chabot.

2° Louis Chabot.

3° Perceval Chabot, seigneur de la Turmelière et de Liré, qui suit.

4° Tristan Chabot, commis par le roi à la garde de la forteresse de Luçon.

IL ÉPOUSA Jeanne de Rezay.

Ils eurent pour enfans : 1° Jacques Chabot, qui obtint rémission en 1446 de l'enlèvement qu'il avait fait d'Agnès de Jeaunay, fille de François de Jeaunay, seigneur de la Motte, et de Catherine de Larochefoucauld. Il l'épousa à la Roche-sur-Yon, et fut poursuivi en justice à ce sujet, quoiqu'il soutînt qu'elle lui avait été donnée en mariage par contrat du 15 avril 1443. Il mourut en 1451.

2° Léon Chabot, complice de cet enlèvement, est nommé dans la même rémission. Il fit montre, à Langres, le 20 juin 1470, en qualité d'homme d'armes, avec quatre-vingt-six autres hommes d'armes et cent soixante-douze archers, sous le seigneur de Lohéac, maréchal de France.

3° Germain Chabot, aussi nommé dans cette rémission, en obtint une autre pour avoir détenu prisonnier, à la Roche-sur-Yon, Geoffroy de Féron, trésorier de France. Léonor de Meslajeu, dite Chizadous, sa femme, plaidait contre lui le 14 août 1466, pour avoir son douaire sur le lieu de Présigny.

4° Artus Chabot.

5° Isabeau Chabot, femme de Christophe de Larochefoucauld.

XIIe DEGRÉ.

Perceval Chabot, chevalier, seigneur de la Turmelière et de Liré, fut l'un des seigneurs qui accompagnèrent le roi Charles VII à son sacre en la ville de Reims, et y assistèrent le 17 de juillet 1429; il était encore auprès de sa personne en 1431. Son mariage le brouilla avec le sire de la Trémouille, favori du roi, avec lequel il se raccommoda depuis, par acte passé devant notaire, en 1434, où il se qualifie Perceval Chabot, chevalier, seigneur de Gonnor, et s'oblige, sur le reproche de son honneur et renversement de ses armes, de tenir son parti envers et contre tous. Il était capitaine, c'est-à-dire gouverneur de la Roche-sur-Yon, en septembre 1437, qu'il donna quittance à Étienne Bernard, trésorier du duc d'Anjou, de Bar et de Lorraine, de cent réaux d'or à trente sols pièces, sur l'octroi à lui fait par les sujets de cette châtellenie.

Il épousa Jeanne de l'Ile-Bouchard, dame de Gonnor et de Thouarcé, fille de Jean de l'Ile-Bouchard, seigneur de Montrevau, et veuve de Jean Jousseanne, seigneur de la Forest et de Commequiers.

Ils eurent pour enfans : 1° Jean Chabot, seigneur de la Turmelière, qui suit.

2° Jeanne Chabot, mariée en premières noces à René de Feschal, seigneur de l'Épinay, fils de Lancelot de Feschal, seigneur de l'Épinay, et en secondes noces à Michel de St-Aignan.

3° Marie Chabot, femme d'Ardouin de Vendel, seigneur de Lesbaupinay.

4° Jaquette Chabot, dame de Claunay, en Londunois, mariée à Olivier Mesnard, seigneur de Toucheprès.

XIIIe DEGRÉ.

Jean Chabot, seigneur de la Turmelière, de Liré, de Gonnor en partie, comparut à la montre des nobles qui se fit en 1467, en qualité d'homme d'armes, et eut un procès, en 1478, contre le prieur de Liré.

IL ÉPOUSA Catherine de Ste-Flaive, dame de Beaufou.

ILS EURENT POUR ENFANS : 1° Christophe Chabot, seigneur de la Turmelière, qui suit.

2° Perceval Chabot, chevalier de Rhodes.

3° François Chabot, seigneur de Beaufou, abbé de Jarrie.

4° Jeanne Chabot, mariée à Jean de Ployer, seigneur de la Claye et de la Bastardière.

5° Michelle Chabot, femme de Jean de Baro, seigneur de la Frelandière.

6° Bernarde Chabot, religieuse.

XIVe DEGRÉ.

Christophe Chabot, seigneur de la Turmelière, de Liré, de Gomor, de Bréhabert, etc. ; gouverneur de Brest, capitaine de quarante lances pour le roi Charles VIII aux guerres de Bretagne ; il était mort en 1504.

Il se maria trois fois.

Sa première femme fut N.... Bouer, fille de Geoffroy Bouer, seigneur de la Fragerie; morte sans enfans.

Sa deuxième femme fut Marie Ramé.

Ils eurent pour enfant Renée Chabot, mariée à l'âge de quatorze ans, le 12 octobre 1504, à Jean du Bellay, seigneur de Pontferon, second fils d'Eustache du Bellay et de Catherine de Beaumont.

Sa troisième femme fut Catherine Gaillard, fille de N. Gaillard, seigneur du Vignan, en Bretagne.

Ils eurent pour enfant Louis Chabot, mort sans alliances.

Appendice.

MÉMOIRE

PRÉSENTÉ AU ROI LOUIS XV,

EN 1764,

PAR LE DUC DE ROHAN.

Dans tous les temps les rois de France ont fait l'honneur aux aînés et aux cadets de la maison de Chabot, ainsi qu'aux filles de cette maison, de leur donner le titre de cousin. M. le duc de Rohan est en état de justifier cette distinction par un grand nombre de preuves qui ne sont point équivoques. Il offre de rapporter des lettres de François Ier, de Henri II, de Charles IX, de Henri III, de Henri IV, d'Antoine de Bourbon, roi de Navarre, de Louis, cardinal de Bourbon, de Marguerite de Valois, sœur de François Ier, de Jeanne, reine de Navarre, et de plusieurs autres princes et princesses.

MM. de Chabot ont reçu d'ailleurs en différentes occasions un traitement distingué dans la dénomination qui précède leur nom propre, qui est l'*M* au lieu de l'*S*, lorsque Sa Majesté parle par son ministre. Cette distinction leur a été accordée à titre d'alliance.

A ces preuves il en joint une autre qui ne peut laisser aucun doute sur cette marque de distinction. Elle se trouve dans les lettres patentes du mois de décembre 1648, portant érection de la vicomté de Rohan en duché-pairie en faveur de Henri Chabot. Louis XIV s'y exprime ainsi : « Duquel (Guillaume Chabot) est
« sorti une grande lignée féconde en toutes sortes de
« grandeurs......, des princesses, et surtout de braves
« et grands capitaines, sans parler de l'amiral Chabot,
« l'un des plus grands hommes de cette famille, qui,
« n'étant que cadet de nos dits *cousins* les barons de
« Jarnac, dont est issu notre dit *cousin* Henri Cha-
« bot, porta sa vertu et sa fortune si haut, qu'il alla
« de pair avec les princes du sang, le roi François Ier
« ayant marié une sienne nièce avec lui, et ayant
« donné la cadette à notre cousin de Montpensier. »
Et plus bas :

« N'étant pas aussi à oublier entre les plus remar-
« quables alliances immédiates de la maison de Cha-
« bot, que notre dit cousin par Madeleine de Luxem-
« bourg, sa quatrième aïeule, femme de Jacques
« Chabot, chevalier, baron de Jarnac, a l'honneur
« d'appartenir en degrés assez proches à toutes les
« maisons impériales, royales et souveraines de l'Eu-
« rope. D'où vient que les rois nos prédécesseurs,
« tant de la branche dite communément *de Valois*
« que de celle de Bourbon, soit à cause de la dite al-
« liance de Luxembourg, soit aussi parce qu'en effet
« tous les rois de France et toutes les branches royales
« descendent médiatement d'une fille de Chabot, qui
« fut dame Eustache, femme de Geoffroy de Lusignan,
« comte de Japha ; que les dits rois, nos devanciers,
« ont depuis long-temps reconnu et traité comme cou-

« sins et parens, tant par écrit qu'autrement, les dits
« barons de Jarnac, prédécesseurs de notre dit cousin
« de Chabot, lequel et ses deux frères, etc., etc., etc. »

Il est encore à remarquer que cette maison a l'honneur d'appartenir à Sa Majesté dans un degré très-proche par Isabelle d'Albret, cinquième aïeule de MM. de Chabot, tante de Jeanne d'Albret, mère de Henri IV; de manière qu'étant ses seuls représentans, ils ont l'honneur particulier de compter, ainsi que la Famille royale, la même origine par Jean d'Albret, roi de Navarre.

Cette alliance, quoique infiniment postérieure à celles qu'ils peuvent citer, est celle dont MM. de Chabot s'honorent davantage. Elle est la plus directe qu'ils aient, et la plus rapprochée de Sa Majesté.

Le duc de Rohan-Chabot, les comte et vicomte de Chabot, en mettant ces considérations réunies sous les yeux de Sa Majesté, la supplient très-humblement de vouloir bien leur confirmer le traitement de cousin, pour eux et pour leurs descendans mâles et femelles, par un Brevet qui fixe irrévocablement ce traitement qui leur a toujours été accordé par les rois ses prédécesseurs.

BREVET

DU 6 JUIN 1764,

QUI ASSURE IRRÉVOCABLEMENT AU DUC DE ROHAN,
AUX COMTE ET VICOMTE DE CHABOT, ET A
LEURS DESCENDANS MALES ET FEMELLES,
LE TRAITEMENT DE COUSIN DE SA
MAJESTÉ, ETC., ETC., ETC.

Aujourd'hui, sixième jour de juin 1764;
Le roi étant à Versailles, voulant donner à la maison de Chabot une marque de la bienveillance dont Sa Majesté l'honore, et considérant aussi son illustration ancienne, les grandes alliances qu'elle a contractées dans les temps les plus reculés avec plusieurs maisons souveraines de l'Europe, et l'honneur qu'elle a de lui être alliée.

Sa Majesté s'étant fait représenter les titres de la maison de Chabot, sur lesquels sont fondées plusieurs distinctions honorables dont elle est en possession depuis plusieurs siècles, a reconnu que ces prérogatives n'ont pas seulement été accordées par les rois ses prédécesseurs en considération de l'attachement inviolable que cette maison a de tout temps témoigné au bien et avantage de leurs couronnes et de leurs personnes, des grands et fidèles services qu'elle leur a rendus dans les différentes charges de la couronne, gouvernemens et emplois militaires qui leur ont été confiés, et des preuves signalées de valeur, courage et expérience au fait de la guerre, que grand nombre de seigneurs de cette maison n'ont cessé de donner dans toutes les occasions qui se sont présentées ; mais que ces prérogatives ont aussi pour fondement l'honneur d'appartenir à Sa Majesté par plusieurs alliances, tant parce qu'en effet, ainsi que le roi Louis XIV l'a reconnu dans les lettres patentes d'érection du duché de Rohan en faveur de Henry Chabot, de l'année 1648, la branche royale de Bourbon et tous les rois de France descendent médiatement d'une fille de Chabot, qui fut dame Eustache, femme de Geoffroy de Lusignan, comte de Japha, que parce que par le mariage de Jacques Chabot, seigneur de Jarnac, avec Madeleine de Luxembourg, de qui descendent M. le duc de Rohan, aujourd'hui chef de la maison de Chabot, M. le comte, M. le vicomte de Chabot, ses cousins-germains, ils ont l'honneur d'appartenir à toutes les maisons impériales, royales et souveraines de l'Europe, et qu'ils comptent pour neuvième aïeul Pierre de Luxembourg, seigneur de Brienne, de Saint-Paul et de Conversano, qui est le dixième aïeul de Sa Majesté ; laquelle considérant que, sur le fondement de ces alliances, les rois ses prédécesseurs, tant de la branche dite communément *de Valois* que de celle de Bourbon, ont depuis long-temps reconnu comme *cousins* et *parens*, tant par écrit qu'autrement, les seigneurs de Jarnac et autres de la maison de Chabot ; et mettant de plus en considération que M. le duc de Rohan, M. le comte et M. le vicomte de Chabot sont descendans au septième degré de Jean d'Albret et de Catherine de Foix, sa femme, roi et reine de Navarre, en sorte qu'ils ont l'honneur d'être parens de Sa Majesté du septième au huitième degré de consanguinité : Sa Majesté a arrêté et ordonné que la maison de Chabot continuera de jouir des prérogatives et distinctions honorables dont elle a joui par ci-devant, et qu'en conséquence dans les expéditions de la chancellerie et autres actes émanés de l'autorité royale où Sa Majesté parle directement, ainsi que dans les lettres missives, elle continuera de traiter de cousins les ducs de Rohan, les comtes et vicomtes de Chabot et leurs descendans mâles et femelles nés ou à naître, en légitime mariage, ainsi qu'il s'est pratiqué jusqu'à ce jour dans toutes les occasions qui s'en sont présentées; et que dans les brevets et autres actes où le roi parle indirectement par l'organe de ses ministres, ils recevront le traitement le plus distingué et le plus honorable dans tous les actes de cette espèce, pour la dénomination qui précède le nom propre, qui est *M.* au lieu de *S.*, de laquelle distinction ils sont en possession depuis long-temps. Et pour assurance de sa volonté, Sa Majesté m'a commandé d'expédier le présent Brevet, signé de sa main, et fait contresigner par moi, son conseiller secrétaire d'état.

Signé LOUIS,

Et plus bas LA VRILLIÈRE.

BREVET DU ROI LOUIS XVI,

DATÉ DE VERSAILLES LE 16 DÉCEMBRE 1775,

QUI AUTORISE LOUIS-ANTOINE-AUGUSTE, COMTE DE ROHAN-CHABOT, A PRENDRE LE TITRE DE DUC DE CHABOT.

Aujourd'hui, seize décembre mil sept cent soixante-quinze.

Le roi étant à Versailles, s'est fait représenter sa décision du quatorze juin dernier, par laquelle Sa Majesté aurait accordé au comte de Chabot la permission de prendre le titre de duc, et désirant lui assurer cette grâce d'une manière invariable, Sa Majesté a voulu expliquer ses intentions à cet égard ; elle s'y est portée d'autant plus volontiers, que c'est une occasion agréable pour la maison de Chabot de faire connaître le degré d'estime et de bienveillance dont Sa Majesté l'honore, et le comte de Chabot en particulier. Les grandes alliances qu'elle a contractées dans les temps les plus reculés avec plusieurs maisons souveraines de l'Europe, et l'honneur qu'elle a d'être alliée à celle de Bourbon par Isabelle d'Albret, tante de Jeanne d'Albret, mère du roi Henri IV, les grandes charges, emplois, dignités, que cette maison a possédés, les grands hommes qui en sont issus, entre lesquels on doit distinguer l'amiral de Chabot, lequel n'étant que cadet de cette maison mérita, par sa valeur et par ses vertus, d'être considéré comme un des plus grands capitaines de son temps, et l'honneur d'être allié au roi François Ier, qui voulut bien lui donner en mariage une de ses nièces ; les services que le comte de Chabot a rendus personnellement, tant dans les armées, où il a donné des preuves de sa valeur, qu'auprès de la personne de Sa Majesté, sont autant de motifs qui ont déterminé Sa Majesté à le faire jouir dès à présent de la haute dignité (1) à laquelle il est appelé par sa naissance.

A cet effet, Sa Majesté a permis et permet au comte de Chabot de prendre des titres et qualités de duc de Chabot, en tous actes publics et particuliers, tant en jugement que dehors. En conséquence, ordonne qu'il jouira des mêmes honneurs et prérogatives dans sa maison et près de sa personne, et entrées au Louvre, dont jouissent les autres ducs. Et pour assurance de sa volonté, Sa Majesté m'a commandé de lui expédier le présent Brevet, qu'elle a voulu signer de sa main et être contresigné par moi, conseiller secrétaire d'état de ses commandemens et finances.

Signé LOUIS.

DE LAMOIGNON.

(1) Cette haute dignité est celle de duc et pair de France, dont le duc de Chabot hérita en prenant le nom de duc de Rohan, à la mort sans enfans de son cousin-germain le duc de Rohan (Louis-Marie-Bretagne-Dominique) arrivée quelques années après. (*Voir* ci-dessus, page 138.)

CONTRACT DE MARIAGE

DE HENRY CHABOT, DUC DE ROHAN,

ET

De Margueritte de Rohan.

20 JUILLET 1645.

A tous ceux qui ces présentes lettres verront, etc.

Pardevant Jean Dupuis et Nicolas Boucher, nottaires, garde-nottes du roy nostre sire, en son Chastelet de Paris, soussignez,

Furent présents en leurs personnes maistre Nicolas Guilbert, conseiller-secrétaire du roy, maison et couronne de France et de ses finances, au nom et comme se faisant et portant fort et disant avoir charge, pouvoir et mandement spécial de haut et puissant seigneur messire Henry Chabot, chevallier, marquis de Saint-Aullaye, fils de haut et puissant seigneur messire Charles Chabot, aussi chevallier, seigneur, marquis du dit lieu, et de haute et puissante dame Henriette de

Lur; le dit sieur Guillebert demeurant à Paris au cloistre Notre-Dame, paroisse St-Jean-Lebon, d'une part;

Et messire Nicolas Habert, aussi conseiller-secrétaire du roy, maison et couronne de France et de ses finances, au nom et comme se faisant et portant fort et disant avoir charge, pouvoir et mandement spécial de très-haute, puissante et illustre princesse Margueritte, duchesse de Rohan et de Frontenay, comtesse de Porhoët, baronne de Soubize, dame de Blin, Herie et Fresnay; le dit sieur Habert demeurant à Paris sur le quai de la Mégisserie, paroisse de St-Germain, d'autre part; auxquels seigneur de Chabot et princesse duchesse de Rohan les dits sieurs Guillebert et Habert ont respectivement promis et se sont obligez de faire ratifier le présent contract d'hui en huit jours prochains, lesquels et dits nous ont fait les traitez et conventions de mariage qui ensuivent : « De l'autorité, permission, et en la présence de très-haut, très-excellent, très-puissant et magnanime prince Louis, par la grâce de Dieu roy de France et de Navarre, et de très-haute, très-excellente et très-puissante princesse Anne, par la grâce de Dieu reyne-mère, régente de France et de Navarre, de l'avis et consentement de très-haut, très-puissant, magnanime et très-excellent prince monseigneur Gaston, fils de France, oncle du roy, duc d'Orléans, lieutenant-général dans l'étendue de toutes les provinces du royaume et de Navarre, qui a signé la minute des présentes ainsi qu'il est porté en l'acte par lui passé au camp de Wathen pardevant Roger François, conseiller ordinaire du roy en ses conseils, secrétaire de ses finances et des commandements de sa dite altesse royalle, le onzième jour des présent mois et an, estant le dit acte au bas d'une copie du présent contract de mariage, signé Gaston et de Fromont, demeurée attachée à la dite minute des présentes; et encore de l'avis, consentement, et en présence de très-haute, très-puissante et très-excellente princesse madame Margueritte de Lorraine, épouse de sa dite altesse royalle; de très-haute, très-puissante et très-excellente princesse mademoiselle Anne-Marie-Louise d'Orléans, fille de son altesse royalle mon dit seigneur le duc d'Orléans; très-haut et très-excellent prince monseigneur Henry de Bourbon, prince de Condé, premier prince du sang, premier pair et grand-maître de France, duc d'Enguyen, Châteauroux, Altebert et Montmorency, gouverneur et lieutenant-général pour Sa Majesté en ses provinces de Berry, Bourgogne et Bresse; très-haute et très-illustre princesse madame Margueritte-Charlotte de Montmorency, épouse de mon dit seigneur le prince; de monseigneur l'éminentissime cardinal de Mazarin; de la dite dame Henriette de Lur, tant en son nom que comme ayant charge et foi, faisant et portant fort du dit messire Charles Chabot, père et mère du dit messire Henry Chabot, et auquel promet faire ratifier ces présentes toutes fois et quantes; de très-haute et très-puissante dame Margueritte Chabot, douairière d'Ellebœuf; très-haut et très-illustre prince monseigneur Charles de Lorraine, duc d'Ellebœuf, pair de France, comte d'Harcourt, de Buzançois et autres lieux; très-haute et très-puissante princesse madame Catherine-Henriette, naturelle de France, son épouse; haut et puissant seigneur messire Henry de Seneterre, chevallier des ordres du roy, conseiller en ses conseils, et lieutenant-général pour Sa Majesté au gouvernement de Champagne ; haut et puissant seigneur messire Louis de Rochouard, chevallier, comte de Niort et de Beaumont-Leroger, baron de Boscagnolle, Lebouchey, Montrelaye, la Rigaudière, St-Étienne, conseiller du roy en ses conseils, et dame Anne d'Omy d'Athichy, son épouse.

C'est à savoir, que les dits sieurs Guillebert et Habert soit faisant fort comme dit est des dits seigneur Chabot et princesse duchesse de Rohan, ont promis que les dits seigneur et princesse duchesse de Rohan se prendront par nom et loy de mariage ; le cellébreront et sollemniseront ycelui futur mariage en face de sainte église, au plutost qu'il se pourra et que l'une des parties en aura requis l'autre.

Pour estre les dits futurs époux communs en biens-meubles et conquets immeubles du jour de la bénédiction nuptiale, suivant la coutume des ville, prevosté et vicomté de Paris, selon laquelle ils entendent estre règlez leurs conventions et communauté, en quelques lieux qu'ils ayent leurs domiciles et soyent leurs biens situez et assis, dérogeant à toutes autres coutumes au contraire.

Et néantmoins ne seront tenus aux dettes l'un de l'autre faites et créées auparavant la dite bénédiction nuptiale ; mais si aucune sont elles, seront payées par celuy qui les aura faites ou créées sur son bien ; et à cette fin, et pour le surplus de l'exécution du présent contract, sera fait inventaire des biens-meubles des dits futurs époux au plutost que faire se pourra, et sy par la distance des lieux il ne peut être parfait auparavant la célébration du dit futur mariage, il sera fait et continué, et se chargera le dit seigneur futur époux de le faire parachever et clore dans l'an du dit mariage.

Et outre, demeurera la dite dame princesse duchesse future autorisée du dit seigneur futur époux, par le présent contract de mariage, pour l'entière disposition et alliénation de ses biens présents et avenir, baux, jouissance et perception des fruits et revenus d'yceuls, sur ses mandements et quittances, sans que la présence et authorité du dit seigneur y soit orres et à l'avenir aucunement requise et nécessaire, et vaudra le présent contract pour procuration irrévocable du dit seigneur à la dite princesse duchesse, sa future épouse.

En laquelle communauté la dite princesse duchesse de Rohan apportera ses meubles meublants, pierreries, argent comptant qu'elle a de présent; et le surplus de tous ses autres biens, tant meubles qu'immeubles, avec ce qui lui pourra échoir et avenir durant le dit mariage, aussi tant en meubles qu'immeubles, lui demeurera propre et aux siens de son côté, signé.

Sera et est la dite princesse duchesse de Rohan douée de douaire préfix de six mille livres de rente, en fonds de terres nobles, à jouir par ses mains de proche en proche, dont assiette lui sera faite sur tous les biens présents et à venir du dit seigneur futur époux, et aura pour habitation sa vie durant l'une des maisons qui se trouveront appartenir au dit seigneur futur époux, à son choix, et sera saisie du dit douaire du jour de l'ouverture d'ycelui, sans être tenue d'en faire demande en justice.

Le survivant aura et prendra par préciput, savoir: le dit seigneur futur époux, pour ses armes, chevaux et équipages, jusqu'à la somme de trente mille livres; et la dite princesse duchesse de Rohan, pour ses bagues et joyaux, pareille somme de trente mille livres; et en meubles de la dite future communauté selon la prisée de l'inventaire et sans crue, ou en deniers, au choix du survivant.

Sera loisible à la dite princesse duchesse et aux enfants qui se naistront du dit futur mariage d'accepter la dite communauté ou y renoncer, et en cas de renonciation reprendra tout ce qui aura esté apporté par la dite princesse duchesse, mesme les dits meubles et pierreries apportés en communauté, et généralement tout ce qui lui sera advenu et eschu pendant et constant le dit mariage, tant en meubles qu'immeubles, par donation, succession ou autrement, mesme la dite princesse duchesse son douaire, habitation et préciput, tels que dessus, le tout franchement et quittement de toutes dettes, encore que la dite princesse duchesse y eust parlé, s'y fust obligée, et dont le dit seigneur futur époux et ses héritiers seront tenus de l'acquitter et indemniser, et ses héritiers pour lesquels acquits et indemnités elle aura hypothèque du jour du présent contract de mariage; et en cas de renonciation à la dite communauté par les autres héritiers de la dite princesse duchesse, ils auront pareille faculté de reprendre, à la réserve de la somme de trente mille livres, qui demeurera au dit seigneur futur époux.

En faveur du futur mariage la dite princesse duchesse future épouse, par le dit sieur Habert, a donné et donne, par donation entre-vifs et irrévocable, au dit seigneur futur époux survivant et non autrement, soit qu'il y ait enfant ou non, pour jouir en usufruit sa vie durant seulement, et acceptant par le dit sieur Guillebert la somme de trente mille livres de rente par chacun an sur tout et chacun ses biens, et spécialement sur les terres de Blin, Herie et Fresnay, avec sa demeure au château du dit Blin, jusqu'à la valeur du revenu des dites terres, suivant les baux qui en sont faits de présent et ce qui en deffaudra sur le surplus des dits biens.

Si durant le dit futur mariage sont alliénés aucuns héritages ou rentes rachetées appartenant à l'un et à l'autre des dits futurs époux de leur propre, les deniers en provenant seront employez en autres héritages et rentes pour leur sortie pareille nature de propre, et ou lors de la dissolution de la dite communauté le dit remploy n'aurait été fait, les dits deniers seront repris sur les biens de la dite communauté s'ils suffisent, sinon ce qui s'en deffaudra, à l'égard de la dite princesse duchesse future épouse, sera repris sur les biens propres du dit seigneur futur époux.

Et pour maintenir et conserver le nom de la maison de Rohan, a esté convenu et accordé entre les dites parties que le fils aisné qui naistra du présent mariage portera le nom seul et les armes pleines seules de la dite maison de Rohan.

Comme aussi a esté convenu entre les dites parties, de l'avis et en la présence de la dite dame reyne, que les enfans qui naistront du dit mariage seront élevez et instruits en la religion catholique, apostolique et romaine, sans laquelle condition la dite dame reyne a déclaré en présence des dits notaires qu'elle n'aurait consenti et approuvé le dit mariage ni signé le présent contract.

Et pour faire insinuer ces présentes au greffe des insinuations du Chastelet à Paris, et partout où besoin sera, suivant l'ordonnance, les dits sieurs Guillebert et Habert et dits nous ont fait et constitué, pour les dits seigneur et princesse duchesse de Rohan, futurs époux, leurs procureurs spéciaux, les porteurs, auxquels ils donnent plein pouvoir et puissance d'en faire et d'en requérir et demander tous actes nécessaires, car ainsi tout ce que dessus a esté accordé entre les dites parties et dits noms, qui promettent en outre rendre et payer tout coust, frais, mises, dépens, dommages et intérests que faits et encourues seraient par défaut de l'entretênement et accomplissement du contenu en ces présentes, sous l'obligation et hypothèque de tous et chacun leurs biens meubles et immeubles quelconques, présens et à venir, chacun en droit soi, les dits noms se sont soumis et soumettent à la justice et juridiction et contrainte de la dite prévosté de Paris et à toutes autres justice et juridictions, etc.; et trouvé seront et renonçant en ce faisant à toutes choses contraires à ces présentes, au droit, défaut général, renonciation, non valoir; en témoins de, nous, à la relation des dits nottaires, avons fait mettre le scel de la dite prévosté de Paris à ces dites présentes, qui furent faites et passées à Paris, au Palais-Royal, le sixième jour de juin, avant midy, l'an mil six cent quarante-cinq. Leurs dites Majestés, sa dite altesse royalle, prince, princesse, seigneur et dames comparantes, les dits sieurs Guillebert et Habert ont signé la minute des présentes, demeurée vers le dit Boucher, l'un des nottaires soussignez, ces présentes sujettes au scel dans trois mois, à peine de vingt livres tournois d'amende, suivant les édits, déclaration et arrêts; ainsi signé : Dupuis et Leboucher, nottaires, et scellez le vingtième juillet mil six cent quarante-cinq, signé Giguet, et ensuite est écrit ce qui suit :

Le quinzième jour du dit mois de juin, après midy, 1645, est comparu pardevant les dits Nicolas Leboucher et Jean Dupuis, nottaires et gardes-nottes au dit Chastelet de Paris, soussignez, maistre Pierre de Carmaignac, Lieutié et Loix, intendant des maisons et affaires de monsieur et madame Chabot, demeurant au logis de la dite dame, rue des Tournelles, paroisse St-Paul, lequel, comme ayant charge du dit messire Henry Chabot, marquis de St-Aullaye, fils des dits sieur et dame Chabot, de la dite illustre princesse Margueritte, duchesse de Rohan, dénommée en leur contract de mariage devant écrit, a montré et exhibé aux dits notaires soussignez l'acte de ratification faite par le dit messire Henry Chabot et la dite princesse duchesse de Rohan, de leur dit contract de mariage, le dit acte de ratification passé pardevant Jean Pihery, notaire royal au duché et pairie de Sully, présent témoin, le dixième jour du dit présent mois de juin, avant midy, l'an mil six cent quarante-cinq, estant au bas de copie du dit contract de mariage, et requis le dit sieur Leboucher, l'un des dits nottaires, de le vouloir transcrire dans le présent acte, afin de délivrer des grosses et l'attacher à la minute du dit contract de mariage pour y avoir recours, ce qui lui a esté accordé; duquel acte de ratification la teneur ensuit.

De cet acte il appert une ratification pure et simple du dit contract de mariage, et est fait en présence et du consentement de Françoise de Créqui, veuve de feu haut et puissant seigneur messire Maximilien de Béthune, vivant marquis de Rosny, baron de Boutin, conseiller du roy en ses conseils, grand-maître et capitaine-général de l'artillerie de France: de très-haut, puissant et illustre monseigneur Maximilien-François de Béthune, duc de Sully, pair de France, prince d'Henrichemont, marquis de Rosny et autres lieux, conseiller du roy en ses conseils, gouverneur des ville et château de Mante, lieutenant-général pour Sa Majesté en sa province de Dauphiné et pays Vexin, et de très-haute et puissante dame madame Charlotte Seguier, duchesse de Sully, épouse du dit seigneur.

LETTRES PATENTES

PORTANT ÉRECTION DE LA TERRE DE ROHAN EN DUCHÉ-PAIRIE EN FAVEUR DE M. DE CHABOT.

Louis, par la grâce de Dieu, roy de France et de Navarre à tous présens et à venir salut : Encore que la vraye récompense et le véritable prix de la vertu, qui est la source de la plus pure noblesse, soit la vertu mesme, et que les marques d'honneur les plus certaines et les plus avantageuses dans les maisons célèbres et dignes de reconnoissance et d'estime, soient sans doute la réputation, la vénération universelle et la gloire publique légitimement acquise, néantmoins il a esté d'ordinaire pratiqué dans les estats bien policez, et les roys de France, ces sages monarques nos devanciers, ont toujours usé de la mesme sorte heureusement et avec succès, en faveur des grandes et illustres familles de nostre royaume, de ne leur desnier jamais aucuns honneurs, ni grâces possibles, mais plutost de les décorer en toutes rencontres, de toutes sortes de titres extérieurs, et par là les distinguer d'avec les autres par des degrez de grandeurs, par des qualitez et des prérogatives les plus éminentes dont la majesté et la magnificence royalle les pouvoient honorer, afin que témoignant cette gratitude et cette justice aux belles et héroïques actions des grands hommes, et aux services connus des anciens ou de leurs descendans, ces bienfaits servissent de nouveaux motifs et de puissans aiguillons pour exciter de plus en plus la fidélité de ceux qui les reçoivent, et pour en engager d'autres à espérer les mesmes avantages en suivant la vertu, et se proposant des exemples aussi assurez, que ceux de leurs semblables.

Mais entre tous les grands honneurs de nostre monarchie, il est indubitable que le plus éclattant, le plus solide et le plus élevé de tous pour l'établissement des familles, est le titre de duché accompagné de la dignité de la pairie, qui relevans infiniment les principalles terres des maisons, communiquent en mesme temps aux seigneurs qui les possèdent et qui ont mérité cette faveur, des prééminences et un relief extraordinaire au dessus de toutes les autres grandeurs communes de nostre estat, ce qui fait certainement que nous n'en devons favoriser que les familles les plus puissantes, aussi nous ne les départons qu'aux personnes les plus considérables de nostre haute noblesse, soit que l'on les répute telles par le lustre du sang, ou que ce soit à cause de la vertu et des hauts-faits de leurs prédécesseurs, et des leurs particuliers qu'elles soient dans cet ordre.

Ça esté pour toutes ces considérations sans doute et par d'autres encore toutes singulières, que les feus roys Henry le Grand et Louis le Juste, nos très-honorez seigneurs ayeul et père de glorieuse mémoire, désirans gratiffier plus particulièrement la très-illustre maison de Rohan et favorablement traiter feus nos très-chers et très-amez cousins Henry, duc de Rohan, prince de

Léon et Benjamin de Rohan, seigneur de Soubize, duc de Frontenay, frères, les avoient faits et créez ducs et pairs de France, scavoir notre dit seigneur et ayeul, en érigeant la vicomté de Rohan, l'une des plus grandes terres de Bretagne, en duché et pairie en faveur de nostre dit feu cousin Henry de Rohan, par ses lettres du mois d'avril de l'an 1603, vériffiées au parlement de Paris le 7 aoust ensuivant, cy-attachées sous nostre contrescel ; et nostre dit seigneur et père, la terre de Frontenay, première baronnie de Xaintonge, par lettres du mois de juillet 1626, pour rendre duc et pair nostre dit cousin Benjamin de Soubize, fils puîné de la maison de Rohan ; ces deux grands et justes monarques estans très-bien informez que la célèbre famille de Rohan estoit l'une des premières et des plus grandes races non-seulement de la Bretagne et de la France, mais mesme l'une des plus illustres de toute l'Europe comme estant sortie des anciens rois de Bretagne et dont la suite des vicomtes justifiée durant 700 ans et depuis le fameux Salomon, vicomte de Rohan, qui vivoit au commencement du neuvième siècle, avoit toujours soutenu sa grandeur et conservé son éclat à l'égal quasi des maisons souveraines et des plus puissantes de la chrétienté ; les grands biens, les grands honneurs et les hautes alliances de cette maison fameuse, n'estant pas aussi inconnues à ces sages rois, non plus que leurs emplois relevez, de paix et de guerre, dont s'estoient dignement acquittez tant de grands hommes portans ce surnom glorieux, comme entre autres les mareschaux de Gié et de Montauban, dont le dernier fut aussi admiral de France avec beaucoup d'honneur et de réputation et le premier ministre d'estat, devant quoy et depuis il est notoire, que les vicomtes illustres de Rohan, avoient souvent donné et pris des femmes dans les maisons des ducs de Bretagne leurs princes naturels, dans celles de tous les princes voisins, et spécialement qu'ils s'estoient souvent alliez mesme immédiatement avec la maison royalle de France, et avec ses branches, tant celle d'Évreux que celle dite communément de Valois et d'Orléans; en la première par le mariage de Jean (IIe du nom), vicomte de Rohan, avec Jeanne de Navarre, fille de Philippe d'Évreux et de Jeanne de France, roy et reyne de Navarre, en l'autre, par celuy de Margueritte de Rohan avec Jean, comte d'Angoulesme et de Valois, grand-père de François Ier; et depuis encore avec la maison royalle de Navarre, du nom d'Albret, par le mariage d'Isabeau de Navarre, avec René (Ier du nom), vicomte de Rohan, de toutes lesquelles maisons nous sommes descendus; avantages et grandeurs certainement extraordinaires et fort peu communes, mesme aux plus grandes maisons de nostre estat, qui estoient d'autant plus à estimer dans celle-cy que l'on les pouvoit regarder avec justice, toutes ramassées et recueillies en ces deux frères, très-braves et très-considérables par leur valeur et par leurs autres éminentes qualitez, nommément en nostre dit cousin de Rohan, qui est mort des blessures qu'il receut en combattant glorieusement pour nostre service, en la bataille de Reinsfeld et en deffendant la cause commune de nos alliez en Allemagne, avec cette réputation générale d'avoir esté l'un des plus grands capitaines, comme il estait aussi d'ailleurs estimé l'un des plus savans hommes de son siècle.

Mais les feus roys d'heureuse mémoire, nos très-honorez seigneurs ayeul et père savoient encore bien mieux que personne que nostre dit cousin, le duc de

Rohan, estait le plus proche parent du costé maternel (par la dite maison de Navarre) qu'eust en France et ailleurs nostre dit feu seigneur et ayeul Henry-le-Grand, en-sorte qu'il estait non-seulement prince du sang de la dite maison de Navarre, mais mesme s'est veu aussi long-temps héritier présomptif de cette couronne, sous ce grand monarque, comme il estait aussi d'ailleurs prince de Bretagne et successeur apparent de la couronne d'Écosse, si Jacques, roy d'Angleterre et d'Écosse, fust mort sans enfans, rencontres uniques et honneurs qui ont esté tous singuliers en la personne de nostre cousin de Rohan, et dont il faut demeurer d'accord qu'il ne s'en est point veu et qu'il ne s'en rencontrera peut estre jamais de semblables en aucuns princes ni seigneurs dépendans du pays de nostre obéissance.

Ça esté donc avec beaucoup de justice et de raison que nos dits cousins de Rohan et de Soubize ont esté décorez de ces titres et favorisez de ces prérogatives d'honneur; mais on peut dire que ça esté pourtant avec peu de fruit et de succès pour leur famille que ces avantages leurs ont esté départis; car, d'un costé, nostre dit cousin de Soubise estant mort sans estre marié, et auparavant mesme que d'avoir pu faire vérifier ses lettres de duché et pairie en nostre parlement de Paris; et, d'autre part, nostre dit cousin de Rohan n'ayant laissé qu'une fille unique, leur maison n'a quasi point profité de ces illustres marques de la bienveillance et de l'estime des roys nos devanciers, les ayant veu (au deffaut d'enfans masles) aussi-tost esteindre et finir, qu'elle les avait veu naistre chez elle.

Aussi, en considération de ce malheur arrivé de cette sorte à une si illustre maison, et encore à cause de la proximité et affection héréditaire, le feu roy de très-glorieuse mémoire, nostre très-honoré seigneur et père, et nous-mesmes depuis nostre avènement à la couronne, par l'avis de la reyne régente, nostre très-honorée dame et mère, avons pris un soin très-particulier des intérêts, du bien et de l'avancement de nostre très-chère et très-amée cousine Margueritte de Rohan, princesse de Léon, restée seule unique, mais très-digne héritière de nos dits cousins de Rohan et de Soubize, et de tous les grands biens et honneurs de cette puissante maison des vicomtes de Rohan et princes de Léon ; et parce qu'il importoit au bien de nostre service qu'un parti si considérable comme celui-là, et qui estoit l'un des plus avantageux de la France, ne tombast en des mains estrangères qui nous peuvent estre ou devenir suspectes, nous avons certainement empesché et détourné, aussi bien que nostre dit seigneur et père, plusieurs princes estrangers de penser au mariage de nostre dite cousine, nostre conseil ayant toujours trouvé plus à propos, pour les dites raisons, et par d'autres considérations d'estat, mais plus encore pour l'intérest de la vraye religion (pour laquelle nous continuons d'avoir le zèle extraordinaire de nos ancêtres), de marier dans nostre royaume cette héritière si riche et si puissante en grandes terres, vassaux, villes et autres possessions, tant en Bretagne qu'ailleurs, et de la confier à quelque seigneur de mérite de nostre cour qui nous fust agréable, affidé à nostre service, et de la vertu et conduite duquel nous puissions espérer non-seulement une fidélité entière, mais surtout de voir par son moyen restablir, parmi les enfans et successeurs de nostre dite cousine, la vraye religion catholique ; ce qu'ayant rencontré heureusement et avec satisfaction en la personne de nostre cher et bien amé cousin Henry

Chabot, nous aurions résolu par l'avis de la reyne régente, nostre très-honorée dame et mère, et de nostre conseil, de le préférer pour un mariage aussi avantageux que celui-là, et de conclure l'affaire en sa faveur, trouvant aussi de la disposition en ce dessein de la part de nostre dite cousine pour nostre dit cousin de Chabot, dont la haute naissance et les alliances illustres, avec l'agrément et la recommandation particulière de nostre très-cher oncle le duc d'Orléans, et de nos très-chers cousins le deffunt prince de Condé et celui d'aujourd'huy, son fils, avoient encore rendu sans doute le mérite et la personne plus considérables auprès de nous pour un parti de cette importance, lequel, en effet, nous ne procurerions pas à un seigneur indigne d'un tel honneur, puisque les barons de Jarnac, dont il est sorti, sont les aînés de l'illustre race de Chabot, l'une des plus anciennes et des plus puissantes de Poitou et de toute la Guyenne, maison dont l'ancienneté est justifiée chez les historiens par une notoriété publique depuis six cents ans, c'est-à-dire qu'elle est connue en France depuis Guillaume Chabot, chevalier qui florissoit sous le règne du roi Henry Ier, dès l'an 1040, ou environ, duquel, de père en fils, est sortie une grande lignée, féconde en toute sorte de grandeur, des prélats, des chevaliers de nos ordres, des chevaliers de Saint-Jean-de-Jérusalem, grands-prieurs de France, des officiers de nostre couronne, des gouverneurs des provinces et des plus importantes places de nostre royaume, des princesses, et surtout de braves et de grands capitaines, sans mesme parler de l'admiral Chabot (l'un des premiers hommes de cette famille), qui, n'estant que cadet de nos cousins les barons de Jarnac, dont est issu notre dit cousin Henry de Chabot, porta sa vertu et sa fortune si haut, qu'il alla de pair avec les princes, le roy François Ier ayant marié une sienne nièce aînée avec lui, et ayant donné la cadette à nostre cousin de Montpensier.

Mais entre tous ceux de ce surnom nos dits cousins de Jarnac (devenus aînez de leur famille par l'extinction de la branche des barons de Rays et de Machecoul) n'ont pas esté, sans doute, les moins recommandables en valeur, ni en belles actions dans leur race, tesmoins entre autres choses les grands services rendus au roy François Ier, par nostre dit cousin Charles de Chabot, baron de Jarnac, que ce monarque créa chevalier de son ordre et lui donna le gouvernement de La Rochelle et du pays d'Aulnis ; que si l'on considère les alliances de la maison de nostre dit cousin de Chabot, on trouvera qu'elles en accompagnent fort bien l'ancienneté, le lustre et les honneurs, car elle a esté alliée immédiatement avec la maison de Lorraine, et dans les temps plus anciens avec les rois de Jérusalem du surnom de Luzignan, avec les vicomtes de Brosse et de Limoges, nos ancestres, par les femmes, avec les maisons de Chastillon-sur-Marne, de Craon, de Partenay, de Laval, de Larochefoucaud, de Maure, de Vivonne, de Saint-Gelais, de Givry, de Duras, de Harcourt, de Longvy, de Gouffier, de Tavannes, d'Aumont, d'Halwin, de la Chastre, et plusieurs autres, et médiatement avec les plus grandes maisons de l'Europe, nommément avec celle de Rohan, en sorte qu'il a fallu nécessairement dispense de Rome pour le mariage de nostre dit cousin de Chabot avec nostre dite cousine l'héritière de Rohan, qui se sont rencontrez parens au quatrième degré de consanguinité, n'étant pas aussi à oublier entre les plus remarquables alliances immédiates de la maison de Chabot, que nostre dit cousin par

Magdeleine de Luxembourg, sa quatrième ayeulle, femme de Jacques de Chabot, chevalier, baron de Jarnac, a l'honneur d'appartenir, en degré assez proche, à toutes les maisons impériales, royales et souveraines de l'Europe, d'où vient que les roys nos prédécesseurs, tant de la branche dite communément de Valois, que de celle de Bourbon, soit à cause de la dite alliance de Luxembourg, soit aussi parce que en effet tous les roys de France et toutes les branches royalles descendent médiatement d'une fille de Chabot, qui fut dame Eustache, femme de Geoffroy de Luzignan, comte de Japhe, que les dits roys nos devanciers ont depuis long-temps reconnus et traitez comme cousins et parens, tant par écrit qu'autrement, les dits barons de Jarnac prédécesseurs de nostre dit cousin de Chabot, lequel et ses deux frères, le comte et le chevalier, ont dignement répondu par leur valeur et le mérite de leurs personnes aux avantages d'une si belle et si haute origine, et d'aussi illustres et augustes alliances que celle-cy, le dit comte de Chabot s'estant signalé par un nombre infini de belles actions, notamment par la fameuse reprise de Flix en Catalogne, et après quatorze belles et heureuses campagnes de service, ayant esté tué au premier siége de Lérida, auquel il commandait à un quartier comme plus ancien mareschal de camp ; le chevalier de Chabot, cadet de la maison, ayant aussi très-glorieusement servi douze campagnes, et fait connoistre son courage et sa valeur aux célèbres batailles de Rocroy et de Fribourg, et très-dignement en celle de Nortlinghen, où il commanda le gros de réserve, et finalement ayant aussi perdu la vie pour nostre service au mémorable siége de Dunkerque, en y faisant la charge de mareschal de camp ; et nostre dit cousin de Chabot ayant témoigné le mesme courage et la mesme générosité en diverses occasions, principalement aux siéges de Herdin, d'Arras, de Thionville et de Graveline, tellement que par toutes sortes de considérations, nous l'avons jugé digne du mariage que nous lui avons voulu procurer avec nostre dite cousine, l'héritière de Rohan, pour auquel parvenir et désirant de tout point qu'il sortist effet, nous avons dès auparavant la passation de leur contract accordé à nostre dite cousine, par brevet signé de nostre main, la continuation et assurance des honneurs et avantages deus à sa qualité de princesse par tant de titres, et nommément par celui d'une si proche parenté avec nostre maison royalle de Navarre, qu'elle n'a point, du côté de son père, de plus proches parens en France que la reyne régente, nostre très-honorée dame et mère, à cause du feu roy de glorieuse mémoire, et que nostre très-cher oncle, le duc d'Orléans; et par autre brevet du 1er mai 1645, avons aussi permis et accordé à nostre dit cousin de Chabot, lors futur époux de nostre dite cousine, de faire revivre en sa faveur, et pour la considération de l'alliance où il entroit, la duché-pairie de Rohan éteinte par la mort arrivée, sans masles, de nostre dit feu cousin le duc de Rohan, et à cause principalement que l'aisné des enfans qui sortiroient du dit futur mariage, devoit relever le nom et les armes du dit duc et des vicomtes de Rohan; et mettant aussi en considération que les droits de deux duchez et pairies, savoir : de Rohan et de Frontenay, ci-devant érigez en faveur de nos dits feus cousins de Rohan et de Soubize, se trouvent réunis en la personne de nostre dite cousine, leur héritière.

A ces causes et autres, à ce nous mouvans, voulant nommément favorablement traiter nos dits cousin et cousine de Rohan, et de plus en plus contribuer à l'imitation de nos ancestres à l'agrandissement des familles illustres de nostre royaume, et, en particulier, à l'élèvement de la maison de Chabot, qui se trouve par ce moyen confuse avec celle de Rohan, et dont le fils aisné et ses descendans, comme dit est, doivent porter le nom et les armes à l'avenir; et pour satisfaire aussi à l'assurance que nous avons donnée à nostre cousin et cousine, auparavant l'accomplissement du dit mariage, de faire revivre en leur faveur le dit duché et pairie; promesse qui a été comme l'une des conditions essentielles du dit mariage, et sans laquelle il n'eust esté fait.

Savoir faisons que par l'avis de la reyne régente, nostre très-honorée dame et mère, des princes de nostre sang, et grands seigneurs de nostre conseil, de nostre certaine science, pleine puissance et autorité royalle, et parce qu'ainsi nous plaist, nous en exécutant nostre dite promesse, la dite terre de Rohan et seigneurie de Pontivy, Goirée, les Salles, Londeac, et la chastellenie de la Cheze, adjacente aux précédentes, de la consistance desquelles, de leur valeur, droits et autres avantages, il appert assez par les dites lettres de création du dit duché de Rohan cy-attachées, toutes les dites terres et appartenances s'étendant aux trois évêchés de Vannes, de Saint-Brieu et de Cornouailles, avons remis et rétablis, remettons et rétablissons, et en tant que besoin est créé, érigé et établi, créons, érigeons et établissons par ces présentes signées de notre main, en duché et pairie de France.

Voulons qu'iceluy nostre dit cousin Henry de Chabot et ses descendans masles soient doresnavant nommez ducs de Rohan et pairs de France, à tels et semblables honneurs, droits, rangs, prérogatives, prééminences en tous droits, faits de guerre, assemblées de noblesse, cours et compagnies comme en jouissoit nostre dit cousin le deffunt duc de Rohan, et tout ainsi que les autres ducs et pairs de France en jouissent et usent, lequel duché et pairie nostredit cousin tiendra en foy et hommage de nous et de nostre couronne de France, et comme tel sera tenu de nous faire et prester nouveau serment au nom, titre et qualité de duc de Rohan et pair de France.

Voulons et nous plaist qu'en cette qualité lui et ses successeurs ducs de Rohan nous rendent et à nos successeurs leurs aveux et dénombrement, ainsi que leurs vassaux et tenanciers des fiefs mouvans du dit duché, le reconnaissent et lui prestent la foy et hommage, rendent leurs aveux et dénombremens et déclarations, quand l'occasion escherra, au même titre de duc et pair de France. Voulons aussi et nous plaist que la justice du dit duché et pairie soit exercée et administrée au dit duché de Rohan, suivant les clauses et conditions particulières accordées par déclaration spéciale à nostre dit cousin deffunt le duc de Rohan, par le roy Henry le Grand nostre très-honoré seigneur et ayeul, que Dieu absolve, en datte du mois de mars 1609 et confirmée par autre déclaration obtenue par nostre dite cousine Margueritte de Rohan sa fille, depuis l'extinction du dit duché et pairie en datte du mois de may 1642, donnée par le deffunt roy de glorieuse mémoire nostre très-honoré seigneur et père, les dites deux déclarations vérifiées en nostre cour de parlement de Rennes, cy-attachées sous le contrescel des présentes, à la charge aussi que deffaillant la ligne masculine de nostre dit cousin de Rohan, Henry de Chabot et de ses descendans masles, la dite qualité de duc et pair demeurera éteinte et retournera la dite terre en l'estat qu'elle estoit auparavant la dite érection, sans que par le moyen d'icelle, ni de l'édit fait à Paris en l'an 1566 et autres précédens et subséquens, mesme les déclarations du dernier décembre 1581 et mars 1582, vérifiées en nostre cour de parlement, sur l'érection des duchez, marquisats et comtez, l'on puisse prétendre le dit duché de Rohan estre réuni et incorporé à la couronne, ni nous, ni nos successeurs y prétendre pour ce aucun droit; desquels édits, ordonnances, déclarations, nous avons pour les susdites considérations excepté et réservé, exceptons et réservons de nostre grâce spéciale, pleine puissance et autorité royalle, le dit duché et pairie de Rohan, appartenances et dépendances, sans laquelle exception, ni réservation, nostre dit cousin n'eust voulu, ni ne voudroit accepter la présente création.

Si donnons en mandement à nos amez et feaux les gens tenans nos cours de parlement de Paris et Bretagne, et chambre des comptes de Paris et Nantes, et à tous nos autres justiciers, officiers, ou leurs lieutenans comme il appartiendra, que nos présentes lettres ils fassent lire, publier et registrer, et de tout le contenu en icelles ils fassent, souffrent et laissent jouir et user nostre dit cousin et ses successeurs pleinement, paisiblement et perpétuellement, sans leur faire, mettre ou donner, ou permettre leur estre fait, mis ou donné aucun trouble ou empêchement, lesquels sy faits, mis ou donnez estoient, les fassent réparer incontinent et sans délay, pleinement et entièrement, et remettre au premier état et deu.

Car tel est notre plaisir, nonobstant les dites ordonnances et déclarations faites pour la réunion et réver-

sion à nostre couronne des duchez, marquisats et comtez de nouvelle érection, et que pour le regard de la dite pairie on voulust prétendre le nombre des pairs laïcs de France estre préfix, à quoy et à quelqu'autres ordonnances, statuts, déclarations, restrictions, mandemens, deffenses et lettres à ce contraire, et notamment à nos ordonnances faites sur les remontrances de nos estats généraux tenus en nostre ville de Blois, nous avons de nostre puissance et autorité que dessus dérogé et dérogeons, et aux dérogatoires des dérogatoires y contenues par ces présentes; lesquelles afin que ce soit chose ferme et stable à toujours, nous avons signées de nostre main, et à icelles fait mettre nostre scel, sauf en autres choses nostre droit et l'autruy en toutes. Donné à Paris, au mois de décembre l'an de grace 1648 et de nostre règne le 6e, signé Louis et sur le reply, par le roy, la reyne régente sa mère présente, de Lomenie et à costé visa Seguier, et scellées sur double queuë du grand sceau de cire verte sur lacs de soye rouge et verte, et à costé est écrit : « registrées, ouy ce requérant et con-
« sentant le procureur général du roy, pour jouir par
« le dit maistre Henry Chabot, de l'effet et contenu en
« icelles, lequel dit sieur Chabot a esté reccu en la qua-
« lité et dignité de duc de Rohan, pair de France, fait
« le serment accoutumé, juré fidélité au roy, et a eu
« rang et séance en la dite cour. A Paris, en parle-
« ment, le 15 juillet 1652, signé Dutillet. »

FIN

www.ingramcontent.com/pod-product-compliance
Lightning Source LLC
Chambersburg PA
CBHW071942160426
43198CB00011B/1502